Nils Kauerauf, Günter Langen, Jörn Menne, Ingo Schaub, Christian Schmidt, Wolfgang Stellberg, Wolfgang Wendt, Daniel Wischer

Herausgeber: Jörn Menne, Ingo Schaub

Arbeitsheft Büromanagement
2. Ausbildungsjahr

1. Auflage

Bestellnummer 94204

■ Bildungsverlag EINS

service@bv-1.de
www.bildungsverlag1.de

Bildungsverlag EINS GmbH
Ettore-Bugatti-Straße 6-14, 51149 Köln

ISBN 978-3-427-94204-7

Vorwort

Das vorliegende Arbeitsheft ist eine ideale Ergänzung zu der entsprechenden Lehrbuchreihe – es kann aber auch mit anderen Büchern eingesetzt werden.

Mit diesem Arbeitsheft wird ein problem- und handlungsorientierter Unterricht mit Lernsituationen erheblich erleichtert: Ausgewählte Einstiegssituationen aus dem Lehrbuch werden aufgenommen, durch zusätzliche Arbeitsaufträge und methodische Hinweise ergänzt und in eine klare unterrichtliche Struktur überführt. Für einen interessanten, abwechslungsreichen und vor allem schüleraktivierenden Unterricht, der auch Formen des kooperativen Lernens unterstützt.

An die Lernsituationen schließen sich übersichtliche und anregende Übungen zu zentralen Begriffen und Zusammenhängen des jeweiligen Handlungsfeldes an. So erhalten die Schülerinnen und Schüler ergänzend zum Lehrbuch zahlreiche Möglichkeiten, ihr neu erworbenes Wissen anzuwenden und zu festigen.

Mit dem Arbeitsheft wird die Dokumentation von Lern- und Arbeitsergebnissen sichergestellt, sodass die individuelle Lernberatung, die Lernerfolgskontrolle und die Leistungsbewertung erleichtert werden.

Hinweis zur Nutzung des Lehrerhandbuches

Bei den Lernsituationen finden die Nutzer des Arbeitsbuches Symbole, die eine Empfehlung hinsichtlich einer geeigneten **Sozialform** darstellen:

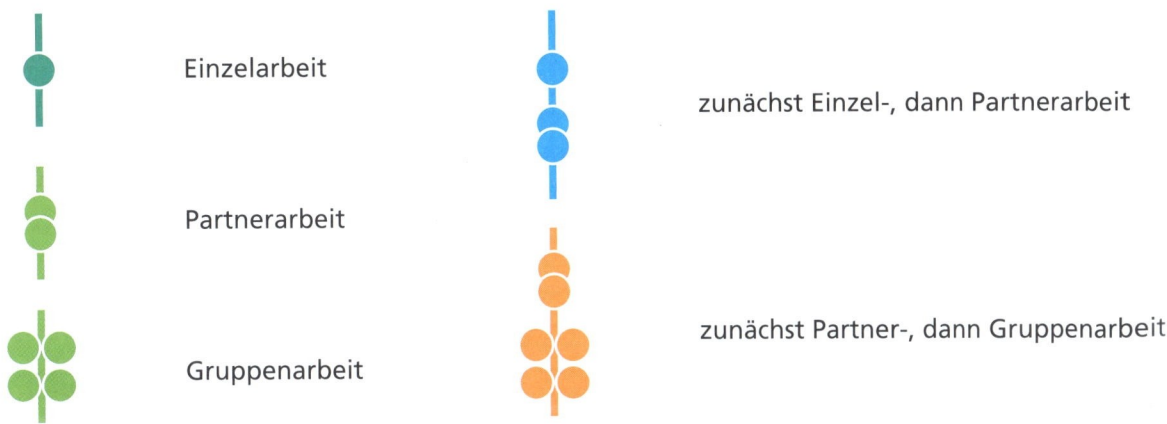

Die Farben unterscheiden sich nach der jeweiligen Phase der Lernhandlung.

Inhaltsverzeichnis

LERNFELD 5 Kunden akquirieren und binden

LERNFELD 6 Wertströme erfassen und beurteilen

LERNFELD 7   Gesprächssituationen gestalten

LERNFELD 8 Personalwirtschaftliche Aufgaben wahrnehmen

Kunden akquirieren und binden

Lernsituation 1: Sie erkennen die Notwendigkeit von Informationen über Kunden und Mitbewerber (Konkurrenten) und erheben entsprechende Daten

Frau Schiffer, die Gruppenleiterin Marketing, erläutert den Auszubildenden Andreas Dick und Nicole Höfer einige Grundlagen des Marketings: *„Das Wichtigste für das Marketing sind Informationen. Wir müssen unsere Kunden genau kennen, um ihre Bedürfnisse zu erfassen und darauf reagieren zu können. Welche Produkte und Dienstleistungen, welchen Service wünschen sie sich aktuell und zukünftig? Das sind entscheidende Fragen.“* Nicole meldet sich zu Wort: *„Aber wir sammeln doch im ERP-System der Primus*

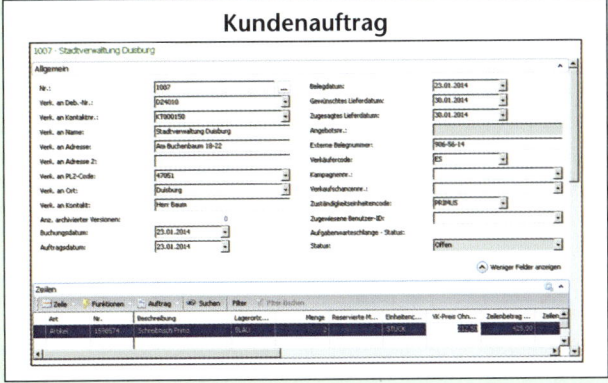

GmbH seit Jahren kundenbezogene Daten. Bei der Bearbeitung eines jeden Kundenauftrags werden Informationen erfasst, die etwas über die Kaufwünsche unserer Kunden aussagen.“ „Ja, das stimmt“, meint Andreas dazu, *„aber diese Daten sagen doch nur etwas über Kaufwünsche in der Vergangenheit aus; für die Gegenwart und die Zukunft sind sie nur sehr bedingt aussagekräftig.“* Frau Schiffer nickt Andreas zu: *„Korrekt! Und außerdem brauchen wir außer den Informationen über die Kunden auch noch welche zu unserer Konkurrenz.“* Nicole wird nachdenklich: *„Hmm, und wie kommen wir an diese Informationen?“* Frau Schiffer erklärt: *„Informationen, die uns nicht vorliegen, müssen wir* erheben. *Ich möchte z.B. die Kundenzufriedenheit mit unserer telefonischen Auftragsbearbeitung von der Anfrage bis zur Auftragserteilung erfassen. Dazu bitte ich Sie, einen kleinen Fragebogen zu entwerfen. Dieser soll leicht auszufüllen und gut auszuwerten sein und wird dann in einer Mailing-Aktion an unsere Kunden verschickt.“*

Beschreibung und Analyse der Situation

a) Frau Schiffer stellt die Bedeutung von Informationen über Kunden und Wettbewerber (Konkurrenz) heraus. Formulieren Sie in eigenen Worten Ihr Verständnis von

   aa) Kundenorientierung.

_____

_____

_____

_____

_____

ab) Wettbewerbsorientierung.

_____

_____

_____

_____

_____

_____

b) Erklären Sie die Notwendigkeit, neben der Nutzung von Informationen aus dem Rechnungswesen bzw. dem ERP-System weitere Informationen zu erheben.

_____

_____

_____

_____

_____

_____

_____

_____

c) Sammeln Sie in der Klasse Informationen über Kunden oder Wettbewerber, die in ihren Ausbildungsbetrieben erhoben werden oder aber Ihrer Meinung nach erhoben werden sollten.

_____

_____

_____

_____

_____

_____

d) Begründen Sie, warum die Erhebung der Kundenzufriedenheit bei der telefonischen Auftragsbearbeitung eine wichtige Information für die Primus GmbH darstellt.

_____

_____

_____

_____

Planen und durchführen

Entwerfen Sie einen kleinen (1–2 Seiten) und anwendungsfreundlichen Fragebogen zur Erhebung der Kundenzufriedenheit bei der telefonischen Auftragsbearbeitung. Dies können Sie aus der Perspektive der Primus GmbH machen oder aus der Perspektive eines Ihrer Ausbildungsbetriebe. Nutzen Sie zur Fragebogenerstellung sinnvoll verschiedene Entwicklertools der Textverarbeitung MS Word. Die folgenden Schritte sollen Ihnen die Erstellung erleichtern.

Schritt 1: Legen Sie fest, zu welchen Prozessschritten der Auftragsbearbeitung Sie Ihre Kunden befragen wollen. Begründen Sie Ihre Entscheidung.

Kundenanfrage | Kundenangebot | Kundenauftrag | Warenausgang | Faktura | Zahlungseingang

_____

_____

_____

_____

_____

_____

Schritt 2: Legen Sie im Hinblick auf das Untersuchungsziel „Kundenzufriedenheit mit der telefonischen Auftragsbearbeitung" fest, welche Fragen Sie an die Kunden richten wollen. Dabei kann es sinnvoll sein, die Fragen in thematische Blöcke einzuteilen. Ein thematischer Block könnte z. B. „Freundlichkeit" heißen.

_____

_____

_____

_____

_____

_____

_____

_____

_____

_____

_____

_____

_____

_____

_____

_____

Schritt 3: Formulieren Sie Fragen und Antwortmöglichkeiten. Zur besseren Auswertung sollten Sie geschlossene Fragen verwenden und die Antwortmöglichkeiten festlegen. Zur Fragebogengestaltung sollten Sie verschiedene Entwicklertools zur Formulargestaltung der Textverarbeitung MS Word sinnvoll nutzen. Diese werden nachfolgend beispielhaft erläutert. Erstellen Sie dann eine 1-seitige Skizze Ihres Fragebogens (oder eines Teils davon), wie Sie ihn in Microsoft Word 2010 umsetzen wollen.

INFOTEIL

Microsoft Word bietet eine komfortable Möglichkeit zur Gestaltung von Formularen. Formulare können für eine Vielzahl von Gelegenheiten genutzt werden. Beispiele sind Anmeldeformulare, Materialentnahmescheine, Laufzettel und Befragungen.

Dazu können bereits erstellte Dokumente, wie z. B. Briefvorlagen im Design des Unternehmens, als Ausgangsdokument genutzt und entsprechend angepasst werden. Nutzen Sie für einen ansprechenden und übersichtlichen Aufbau Tabellen und/oder Tabulatoren.

Damit Sie die Formularfunktionen nutzen können, ist es zunächst erforderlich, dass die Registerkarte *Entwicklertools* eingeblendet wird:

Dazu klicken Sie auf die Registerkarte *Datei,* um in den *Backstagebereich* zu gelangen. Hier wählen Sie *Optionen.* In dem nun eingeblendeten Fenster klicken Sie auf der linken Seite auf *Menüband anpassen.* Anschließend aktivieren Sie das Kästchen bei Entwicklertools.

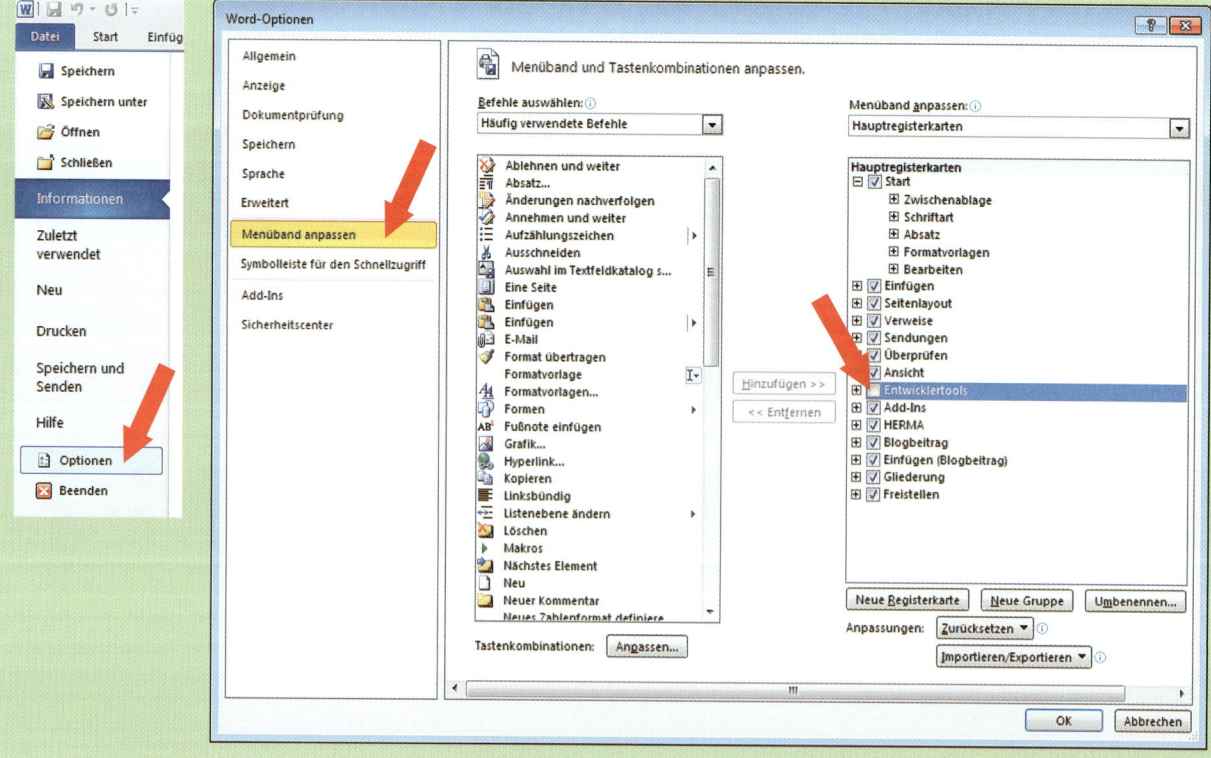

Unter der nun eingeblendeten Registerkarte *Entwicklertools* sind die sogenannten *Steuerelemente* zur Gestaltung von Formularen zu finden:

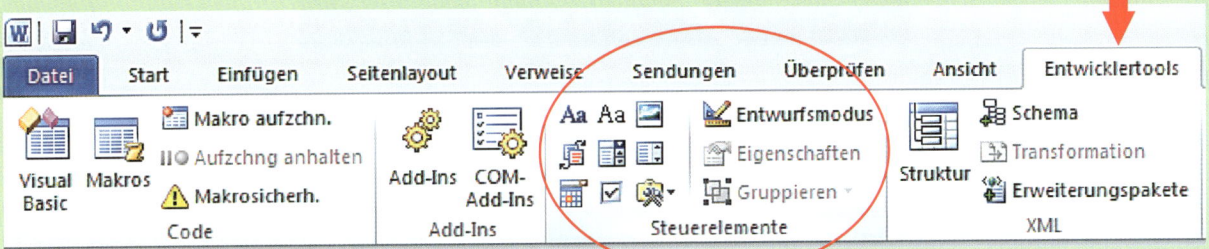

Hier können u. a. die folgenden Elemente genutzt werden:

Aa	Einfügen eines Textfeldes
	Einfügen einer Dropdownliste
☑	Einfügen eines Kontrollkästchens
	Datumsauswahl

Beispiel: Einfügen einer Dropdownliste:

Klicken Sie auf das Symbol *Einfügen einer Dropdownliste*. Anschließend klicken Sie in der gleichen Registerkarte auf *Eigenschaften* , um Auswahlmöglichkeiten hinzuzufügen, z. B. die Antwortmöglichkeiten „Ja", „Nein", „Vielleicht".

Weitere Hinweise erhalten Sie in der Word-Hilfe unter dem Punkt „Erstellen eines Formulars".

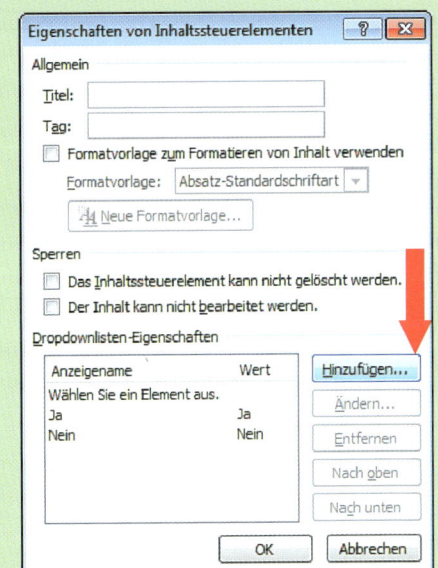

Tipp: Versehen Sie die übrigen Objekte bzw. Texte, die später nicht verändert werden sollen, mit dem Dokumentenschutz. Vergeben Sie dafür ein Passwort. Unter der Registerkarte *Überprüfen* oder *Entwicklertools* finden Sie die Gruppe *Schützen* und die Option *Bearbeitung einschränken*. Hier kann die Einschränkung ausgewählt werden, dass nur Formulare ausgefüllt werden dürfen.

Skizze: Fragebogen zur „Kundenzufriedenheit mit der telefonischen Auftragsbearbeitung"

Kunden-
anfrage ▶ Kunden-
angebot ▶ Kunden-
auftrag

_____

_____

_____

_____

_____

_____

_____

_____

_____

_____

_____

_____

_____

_____

_____

_____

_____

Schritt 4: Mischen Sie sich paarweise mit einer anderen Gruppe zu zwei neuen Gruppen. Tauschen Sie Ihre Skizzen aus und geben Sie sich gegenseitig konstruktive Rückmeldungen. Geben Sie Anregungen zur Verbesserung und setzen Sie Anregungen um, bevor Sie nun Ihre Skizze mit Word erstellen.

Bewerten

Präsentieren Sie Ihre Fragebögen in der Klasse – z. B. mithilfe eines Beamers oder einer interaktiven Tafel. Holen Sie sich ein Feedback aus der Klasse zu Ihrem Fragebogen ein und halten Sie es nachfolgend fest:

a) Feedback zum Inhalt unseres Fragebogens:

_____

_____

_____

b) Feedback zur Formulargestaltung und technischen Umsetzung:

_____

_____

Lernergebnisse sichern und vertiefen

a) Fassen Sie die Ergebnisse aus den Präsentationen in der folgenden Tabelle zusammen:

Kriterien für „gute Fragen" bei einer schriftlichen Kundenbefragung	Kriterien für die Gestaltung und den Einsatz von Entwicklertools bei Fragebögen

b) Ihr Fragebogen bestand aus geschlossenen Fragen. Beschreiben Sie Vor- und Nachteile, wenn Sie mit offenen Fragen gearbeitet hätten.

Vorteile offener Fragen	Nachteile offener Fragen

Übung 1.1:　Ökologische Aspekte in der Marketingarbeit

Ökologische Aspekte spielen bei den Zielen der Primus GmbH eine immer wichtigere Rolle und das Kaufverhalten des Kunden wird stark von diesem Punkt beeinflusst. Der Erfolg des Drehstuhls „Ergo-design-natur" hat gezeigt, dass Öko-Produkte auf dem Möbelmarkt sehr erfolgreich sein können. Das bedeutet auch für die Marketingarbeit, das ökologisches Handeln des Unternehmens stärker in den Fokus zu rücken. Sammeln Sie Beispiele für ökologisches Handeln der Primus GmbH, die insbesondere von umweltbewussten Kunden wahrgenommen werden.

Ergo-design-natur

_____
_____
_____
_____
_____
_____
_____

Übung 1.2: Eine Konkurrenzanalyse für den eigenen Ausbildungsbetrieb durchführen

Bearbeiten Sie die nachfolgenden Arbeitsaufträge mit Unterstützung Ihres Ausbildungsbetriebs. Bereiten Sie sich darauf vor, Ihre Ergebnisse in einem kurzen Vortrag in der Klasse zu präsentieren. Dabei sollten Sie darauf achten, dass keine Geschäftsgeheimnisse veröffentlicht werden.

a) Beschreiben Sie die Wettbewerbssituation Ihres Ausbildungsbetriebs. Wer sind die **wichtigsten direkten Konkurrenten**; wer zählt zur **indirekten Konkurrenz**, wer ist **Newcomer** auf dem Markt?

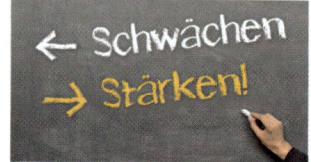

_____
_____
_____
_____

b) Erstellen Sie eine Stärken-Schwächen-Analyse zu maximal zwei der wichtigsten Konkurrenten. Legen Sie selbst Kriterien fest und erstellen Sie ein Stärken-Schwächen-Profil.

	schlecht			mittel	gut		
Kriterien	−3	−2	−1	0	1	2	3
_____							
_____							
_____							
_____							
_____							
_____							

□ = eigenes Unternehmen   ○ = Konkurrent A   X = Konkurrent B

c) Prüfen Sie, inwieweit die **Wettbewerbsstrategien** der **Kostenführerschaft**, der **Differenzierung** und der **Konzentration** auf Ihren Ausbildungsbetrieb zutreffen. Beschreiben Sie, wenn nötig, eine davon abweichende Strategie.

_____

_____

_____

_____

_____

_____

_____

Übung 1.3: Die jeweilige konjunkturelle Lage erfassen

a) Beschreiben Sie knapp die unterschiedlichen Ausprägungen wichtiger Konjunkturindikatoren für eine Volkswirtschaft in den einzelnen Konjunkturphasen.

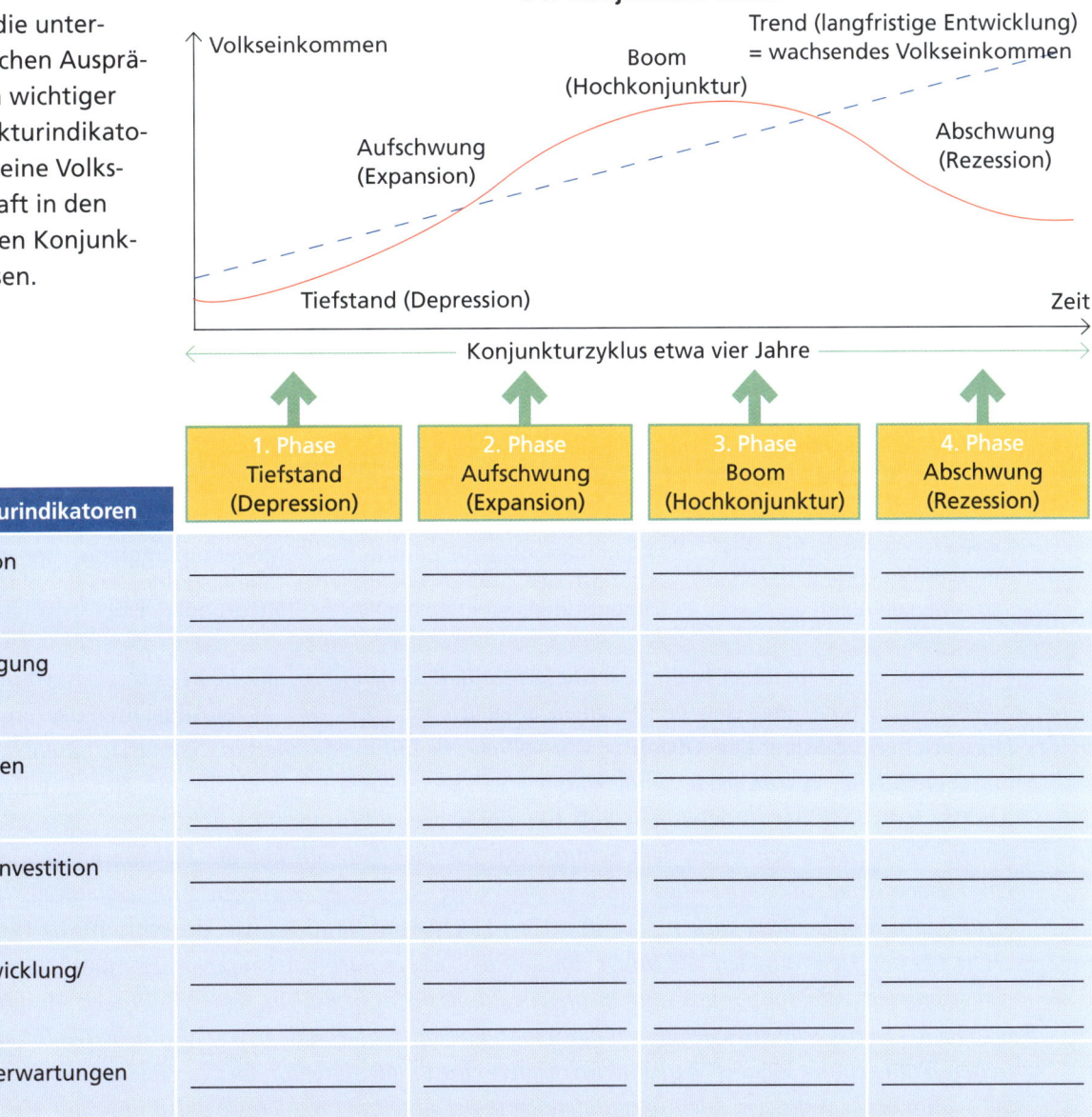

Der Konjunkturverlauf

Konjunkturindikatoren	1. Phase Tiefstand (Depression)	2. Phase Aufschwung (Expansion)	3. Phase Boom (Hochkonjunktur)	4. Phase Abschwung (Rezession)
Produktion				
Beschäftigung				
Einkommen				
Konsum/Investition				
Preisentwicklung/ Inflation				
Zukunftserwartungen				

b) Erläutern Sie den Zusammenhang zwischen den beiden Abbildungen.

Konjunktur-prognose

Frühjahrsprognose der Bundes-
regierung zur wirtschaftlichen
Entwicklung

	2014	2015
Wirtschafts-wachstum (BIP)* in %	+ 1,8	+ 2,0
Entwicklung der Exporte* in %	+ 4,1	+ 4,6
Arbeits-losenquote in %	6,7	6,6

*jeweils im Vergleich zum Vorjahr
Quelle: Bundes-
wirtschaftsministerium **dpa•20795**

„Noch schnell die Aufträge für die fünf Wirt-
schaftsweisen, dann ist Feierabend!"

_____

Lernsituation 2: Sie erheben Marktforschungsdaten und werten sie aus

Konferenz der Geschäftsführung mit den Abteilungs-
leitungen. Es geht um die mittel- und langfristige Mar-
ketingplanung.

Frau Primus leitet ein: *„Die Primus GmbH ist bestrebt,
sich ständig an den veränderten Kundenansprüchen zu orientieren. Im Büromöbelmarkt sind wir derzeit mit folgenden Produktgruppen (Teilmärkte) vertreten:*

Arbeiten am Schreibtisch	Konferenz, Besprechung, Schulung	Warten und Empfang
Schreibtische, Arbeitsstühle und -sessel mit Rollen, Akten-schränke, Regale	Kombinationstische, Bespre-chungstische, Stühle ohne Rollen, Stapelstühle, Funktionstische	Möbel für Empfangs- und Warte-räume, Stühle, Sessel, Ablagetische, Sitzgruppen, Empfangstheken

*Fraglich ist, ob wir an dieser Strategie weiterhin festhalten, denn derzeit scheint es so, dass wir unsere mit-
telfristigen Umsatz- und Gewinnziele nicht erreichen werden."* Der Abteilungsleiter der Produktion,
Herr Fischer, ist folgender Ansicht: *„Wir sollten uns auf einen einzigen Teilmarkt, nämlich ‚Arbeiten
am Schreibtisch', beschränken, dann könnten wir kostengünstiger produzieren."* Der Abteilungsleiter
Absatz, Herr Winkler, möchte am liebsten noch mehr Teilmärkte erschließen: *„Wir sollten noch
weitere Teilmärkte erschließen, z.B. Schulmöbel. Kürzlich war ich auf der Bildungsmesse didacta. Ich
kann Ihnen sagen, da ist der Markt noch in Bewegung; da gibt es erhebliche Umsatzchancen."* *„Aber die
Schülerzahlen gehen doch zurück"*, wendet Herr Fischer ein. Frau Primus unterbricht die Diskussion:
*„Herr Fischer, Herr Winkler, das bringt uns so nicht weiter. Der Vorschlag von Herrn Winkler ist sicher
bedenkenswert. Wir sollten uns aber in diesem Punkt vertagen und in der Zwischenzeit Marktforschung
betreiben. Denn solche Entscheidungen kann man nur auf der Grundlage von abgesicherten Informationen
treffen. Frau Schiffer soll aus Marketingperspektive eine Empfehlung für oder gegen eine Markterschließung
bei Schulmöbeln verfassen. Die Auszubildenden in der Abteilung werden sie dabei unterstützen."*

Beschreibung und Analyse der Situation

a) Beschreiben Sie das Problem, das sich für die Primus GmbH stellt, und den Auftrag, den die Geschäftsführung in diesem Zusammenhang erteilt.

_____

_____

_____

_____

b) Diskutieren Sie kurz Ihren ersten Eindruck, ob der Markt für Schulmöbel für die Primus GmbH interessant sein könnte. Was würden Sie als Erstes machen, um Ihre Meinung zu überprüfen? Halten Sie Ihre Ergebnisse fest.

_____

_____

_____

_____

_____

c) Frau Primus regt an, dass zunächst einmal Marktforschung betrieben werden sollte. Beschreiben Sie Ziele und Aufgaben der Marktforschung.

_____

_____

_____

_____

Planen

a) Sammeln Sie Möglichkeiten, wie man an relevante Informationen kommen kann, die für die Entscheidung „Erschließung des Teilmarktes Schulmöbel" sinnvoll sind. Ordnen Sie Ihre Ideen in die folgende Tabelle ein.

Zielgerichtet neue Informationen einholen (= **Primärerhebung**)	
Informationen nutzen, die schon vorhanden sind (= **Sekundärerhebung**)	
aus internen Quellen	aus externen Quellen

b) Frau Schiffer legt der Auszubildenden Nicole Höver einen Auszug aus dem computergestützten Informationssystem der Primus GmbH zur Produktgruppe Konferenz, Besprechung, Schulung vor:

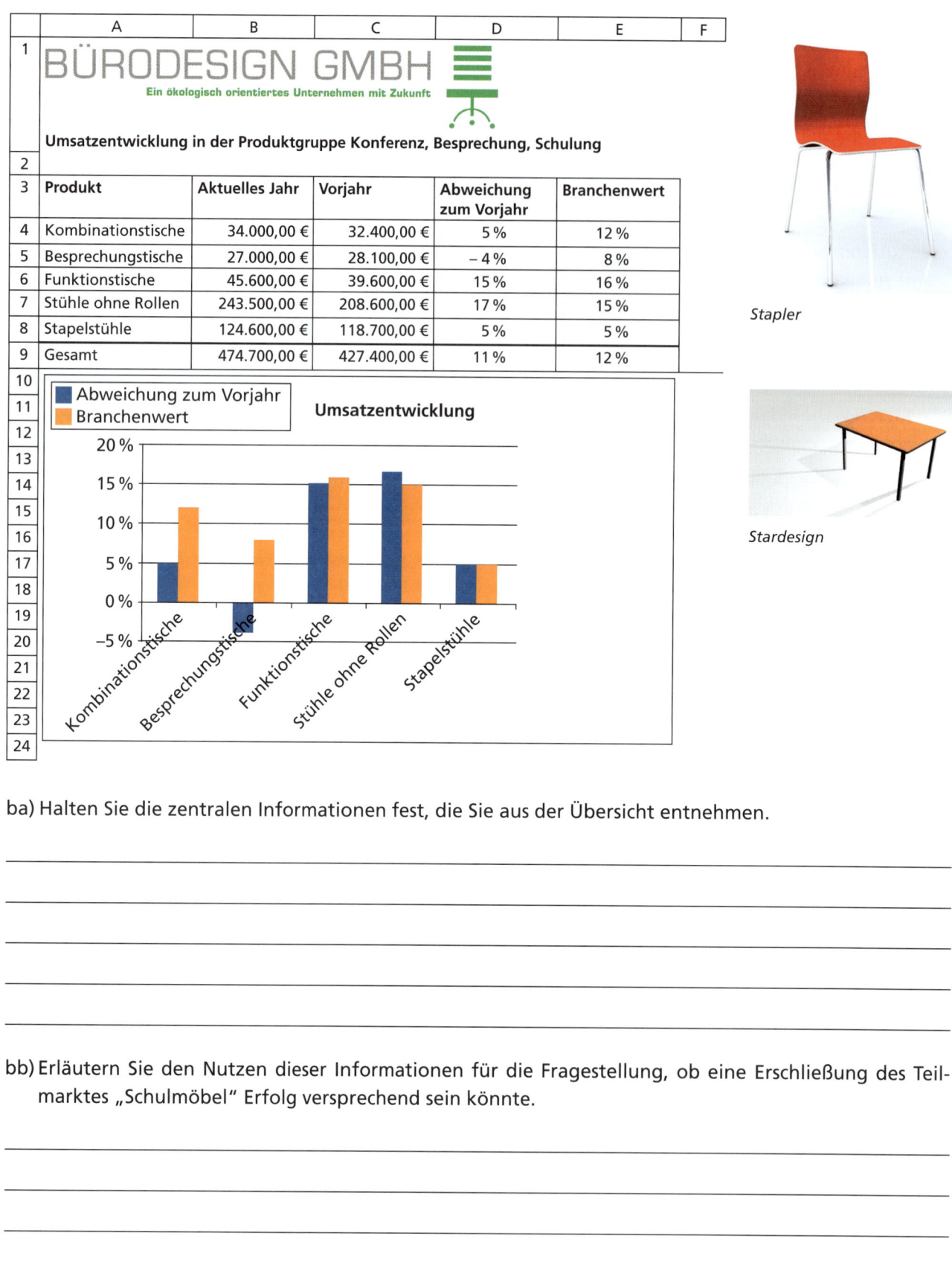

BÜRODESIGN GMBH
Ein ökologisch orientiertes Unternehmen mit Zukunft

Umsatzentwicklung in der Produktgruppe Konferenz, Besprechung, Schulung

Produkt	Aktuelles Jahr	Vorjahr	Abweichung zum Vorjahr	Branchenwert
Kombinationstische	34.000,00 €	32.400,00 €	5 %	12 %
Besprechungstische	27.000,00 €	28.100,00 €	– 4 %	8 %
Funktionstische	45.600,00 €	39.600,00 €	15 %	16 %
Stühle ohne Rollen	243.500,00 €	208.600,00 €	17 %	15 %
Stapelstühle	124.600,00 €	118.700,00 €	5 %	5 %
Gesamt	474.700,00 €	427.400,00 €	11 %	12 %

Stapler

Stardesign

ba) Halten Sie die zentralen Informationen fest, die Sie aus der Übersicht entnehmen.

_____

_____

_____

_____

_____

bb) Erläutern Sie den Nutzen dieser Informationen für die Fragestellung, ob eine Erschließung des Teilmarktes „Schulmöbel" Erfolg versprechend sein könnte.

_____

_____

_____

_____

_____

c) Frau Schiffer legt der Auszubildenden Nicole Höver die nachfolgende Pressemittelung vor:

Presseinformation

Lohmar, 17. Februar 20..

Markt für innovative Schulmöbel weiter im Aufwind

Ersatzbedarf und neue Unterrichtskonzepte beflügeln die Nachfrage

Presseinformation

BiMob Verband Mobiliar für
          Bildungseinrichtungen e. V.

Landsberger Weg 18
53797 Lohmar

Pressesprecherin:
Sabine Funke

www.bimob.de
presse@bimob.de

20.. war ein geradezu aufregendes Jahr für die deutsche Schulmöbelindustrie, die gegenüber dem Vorjahr um insgesamt 15,8 Prozent zulegen konnte und damit ein Umsatzvolumen von 1,13 Milliarden Euro erreichte. Die Schulausstattungen sind vielerorts erneuerungsbedürftig, da sie den heute üblichen Standards z. B. hinsichtlich der Ergonomie nicht mehr genügen. Ein weiterer Auslöser zahlreicher Investitionen sind die veränderten Anforderungen in Schule und Unterricht. Gefragt sind daher vor allem hochwertige, flexibel einsetzbare Möbel.

Die höchsten Umsatzzuwächse entfielen im vergangenen Jahr auf ergonomisch sinnvolle Sitzmöbel, die nicht nur statisches, sondern vielmehr auch dynamisches Sitzen und Bewegung zulassen. Das kommt der Konzentration und damit dem Lernerfolg zugute.

Zudem gab es hohe Umsatzzuwächse im Bereich von leichten und flexiblen Tischen sowie von Raumgliederungselementen, mit denen mühelos unterschiedliche Lern- und Arbeitsformen wie z. B. Gruppenarbeiten oder Sitzkreise realisiert werden können. Ein weiterer Trend geht in Richtung von akustisch wirksamen Möbeln, die auf der Wunschliste vieler Schulen ganz oben stehen.

Allen Entwicklungen gemeinsam ist der zunehmende Einsatz von leichten Materialien und insbesondere speziellen Kunststoffen, die in Gewicht und Funktionalität Metallen und Holz oftmals überlegen sind.

Der Wettbewerb auf diesem Teilmarkt ist nach wie vor sehr dynamisch. Etliche kleine und mittlere Hersteller scheiterten im letzten Jahr an dem enormen Preisdruck. So erzielten vor allem die großen Anbieter noch weitere Umsatzzuwächse, da diese aufgrund der hohen Stückzahlen zu Preisen anbieten können, die für Städte und Gemeinden noch bezahlbar waren. Dennoch gibt es immer wieder Chancen für pfiffige Ideen, die das Lernen und Arbeiten in Schulen und anderen Bildungseinrichtungen unterstützen.

ca) Halten Sie die zentralen Aussagen der Pressemitteilung fest.

_____

_____

_____

_____

_____

_____

_____

cb) Erläutern Sie, ob die Aussagen in der Pressemitteilung aus der Sicht der Primus GmbH für oder gegen eine Erschließung des Teilmarktes „Schulmöbel" sprechen.

_____

_____

_____

_____

_____

_____

_____

_____

_____

d) Suchen Sie im Internet nach Anbietern bzw. potenziellen Konkurrenten der Primus GmbH auf dem Markt für Schulmöbel. Halten Sie Ihren ersten Eindruck von der Internetpräsenz der Hersteller fest.

Informationsquelle im Internet	erster subjektiver Eindruck

Durchführen

Sichten Sie nochmals die Ergebnisse Ihrer bisherigen Marktforschung (Umsatzstatistik, Pressemitteilung, Konkurrenzanalyse). Schreiben Sie dann einen Fließtext, in dem Sie für Frau Schiffer einen begründeten Vorschlag an die Geschäftsführung formulieren, ob man die Idee der Erschließung des Teilmarktes für Schulmöbel weiter verfolgen sollte.

_____

_____

_____

_____

_____

_____

_____

_____

_____

Bewerten

a) Tauschen Sie Ihre Texte mit einem anderen Paar aus. Geben Sie sich eine konstruktive Rückmeldung zum Inhalt (z. B.: Ist die Empfehlung gut begründet?) und zur Form (z. B.: Ist der Text verständlich, sind Rechtschreibung und Zeichensetzung korrekt, gibt es einen sinnvollen Aufbau und eine entsprechende Absatzbildung?).

Überarbeiten Sie nach der Rückmeldung Ihre eigenen Texte noch einmal.

b) Vergleichen Sie Ihre jetzige Empfehlung mit Ihrer Meinung am Anfang der Lernsituation (siehe Ausgangsituation Arbeitsauftrag b)). Beschreiben Sie kurz, worin der Unterschied dieser beiden Meinungen besteht.

_____

_____

_____

_____

Führen Sie in der Klasse eine Abstimmung mit anschließender Diskussion durch:
Soll die Primus GmbH versuchen, den Markt für Büromöbel zu erschließen?

Lernergebnisse sichern und vertiefen

Vervollständigen Sie die folgende Übersicht zu Formen der Marktforschung mit den folgenden Begriffen:

Marktanalyse – Sekundärerhebung – Marktprognose – Beobachtung – Marktforschung – Panel – Befragung – Interne Quellen – Tracking – Marktsituation – Marketingziele – Primärerhebung – Externe Quellen – Experiment – Marktbeobachtung – Marktforschung

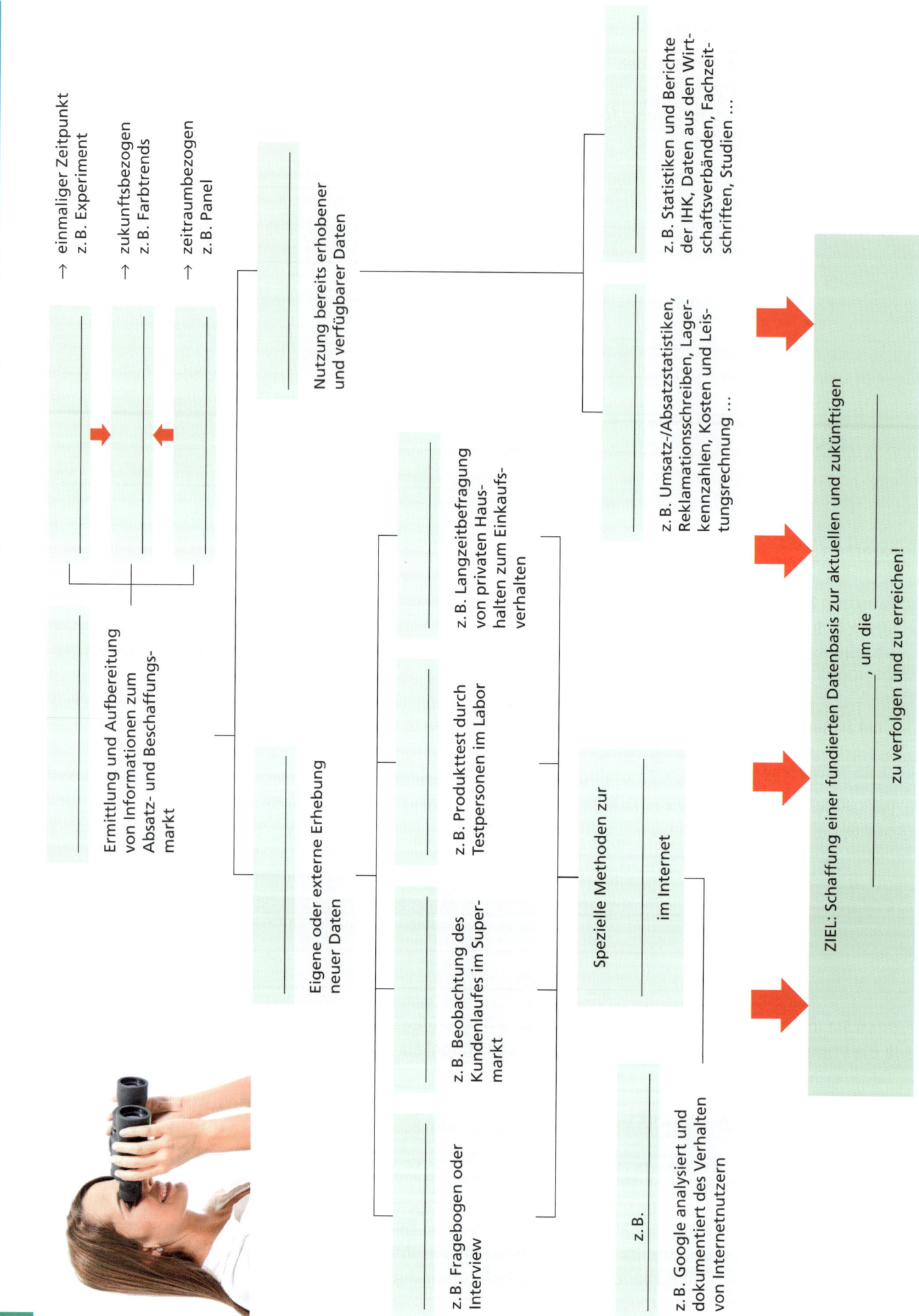

→ einmaliger Zeitpunkt
z. B. Experiment

→ zukunftsbezogen
z. B. Farbtrends

→ zeitraumbezogen
z. B. Panel

Ermittlung und Aufbereitung von Informationen zum Absatz- und Beschaffungsmarkt

Nutzung bereits erhobener und verfügbarer Daten

z. B. Statistiken und Berichte der IHK, Daten aus den Wirtschaftsverbänden, Fachzeitschriften, Studien …

z. B. Umsatz-/Absatzstatistiken, Reklamationsschreiben, Lagerkennzahlen, Kosten und Leistungsrechnung …

Eigene oder externe Erhebung neuer Daten

z. B. Langzeitbefragung von privaten Haushalten zum Einkaufsverhalten

z. B. Produkttest durch Testpersonen im Labor

z. B. Beobachtung des Kundenlaufes im Supermarkt

Spezielle Methoden zur

im Internet

z. B. Fragebogen oder Interview

z. B.

z. B. Google analysiert und dokumentiert des Verhalten von Internetnutzern

ZIEL: Schaffung einer fundierten Datenbasis zur aktuellen und zukünftigen

, um die

zu verfolgen und zu erreichen!

© Bildungsverlag EINS GmbH

Übung 2.1: Marktforschung im Internet

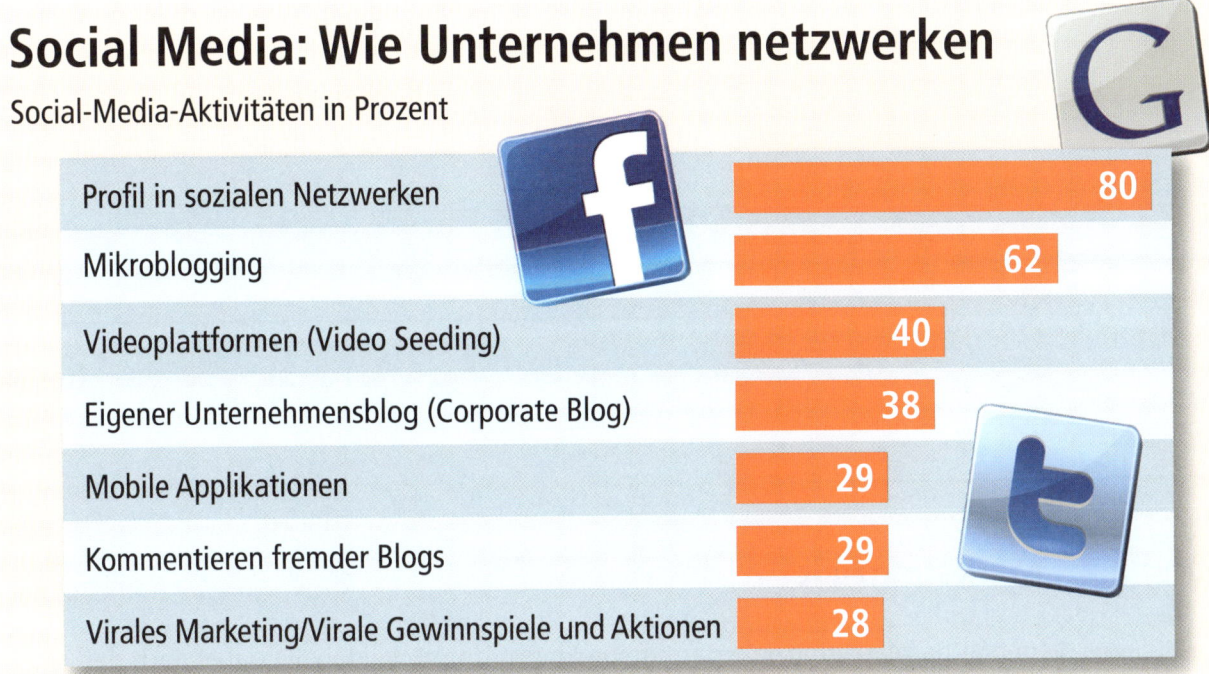

Social Media: Wie Unternehmen netzwerken

Social-Media-Aktivitäten in Prozent

Profil in sozialen Netzwerken	80
Mikroblogging	62
Videoplattformen (Video Seeding)	40
Eigener Unternehmensblog (Corporate Blog)	38
Mobile Applikationen	29
Kommentieren fremder Blogs	29
Virales Marketing/Virale Gewinnspiele und Aktionen	28

Mikroblogging nutzen User, um kurze, SMS-ähnliche Textnachrichten über SMS, E-Mail, Instant Messaging oder das Web zu veröffentlichen.

Mobile Applikationen verbinden das IT-System eines Unternehmens mit mobilen Endgeräten und unterstützen so Geschäftsprozesse.

Virales Marketing wird über soziale Netzwerke und Medien betrieben, um auf eine Marke, ein Produkt oder eine Kampagne aufmerksam zu machen.

Mehrfachnennungen; Befragung von 186 Unternehmensvertretern zwischen Januar und Februar 2011
Quelle: Bundesverband Digitale Wirtschaft

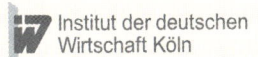 Institut der deutschen Wirtschaft Köln

© 2012 IW Medien · iwd 22

Quelle: http://www.iwkoeln.de/de/infodienste/iwd/archiv/beitrag/social-media-vorzuege-besser-nutzen-86106;
Abruf am 4. April 2014.

a) Erklären Sie, wie Unternehmen das Internet für Marktforschung nutzen können.

_____

_____

_____

_____

_____

_____

_____

_____

_____

_____

b) Klären Sie mithilfe des Internets den Begriff Virales Marketing.[1]

_____

_____

_____

_____

_____

_____

_____

_____

_____

👍 Empfehlen	f 53 Personen empfehlen das.
🐦 Twittern ⟨40	
+1 +1 Empfehlen	

Übung 2.2: Marketingziele

a) Formulieren Sie mögliche Marketingziele der Primus GmbH. Unterscheiden Sie dabei nach den Marketinginstrumenten.

Produktpolitische Ziele	Preispolitische Ziele	Distributionspolitische Ziele	Kommunikations- politische Ziele

---

[1] Ein amüsantes Beispiel für virales Marketing zu dem Begriff selbst ist „Virales Marketing im Todesstern Stuttgart" (http://www.youtube.com/watch?v=uF2djJcPO2A; Abruf am 4. April 2014).

b) Marketingziele lassen sich auch nach ihrer angestrebten Wirkung im ökonomischen und psychologischen Bereich unterscheiden. Formulieren Sie Beispiele für Ziele der Primus GmbH.

Ökonomische Ziele	Psychologische Ziele

c) Die Primus GmbH hat sich das Marketingziel: „Gewinnung von Marktanteilen auf dem Teilmarkt ‚Schulmöbel'" gesetzt. Entwerfen Sie in der folgenden Tabelle für dieses Ziel einen Marketingplan mit jeweils einem Teilziel und entsprechenden Maßnahmen. Denken Sie auch an die Festlegung von Messgrößen.

Ziele	kurzfristige Ziele < 1 Jahr	mittelfristige Ziele < 5 Jahre	langfristige Ziele < 10 Jahre

Lernsituation 3: Sie bieten im Rahmen der Produkt- und Sortimentspolitik marktgerechte Leistungen an

Im internen Unterricht in der Primus GmbH befassen sich die Auszubildenden mit Themen aus dem Marketingbereich. Frau Schiffer, die Gruppenleiterin Marketing, ist für den Unterricht verantwortlich und möchte als nächstes Thema die Produktpolitik als absatzpolitisches Instrument behandeln. Nicole Höver und Andreas Dick freuen sich schon, denn sie wissen, das Frau Schiffer immer „echte" Aufgaben in den Unterricht mitbringt und die Arbeitsergebnisse der Auszubildenden anschließend mit in ihre Arbeit im Bereich Marketing einfließen lässt.

Frau Schiffer: *„Unser neues Thema wird die Produktpolitik sein. Die Produktpolitik wird oft als ‚Herzstück des Marketings' bezeichnet und beeinflusst den Einsatz der anderen Marketinginstrumente stark. Ich werde Ihnen verschiedene Produkte der Primus GmbH mit entsprechenden Informationen darstellen und aus der Perspektive der Produktpolitik analysieren. Dazu lernen Sie z. B. den Produktlebenszyklus kennen, der für die Produktprogrammplanung ein hilfreiches Instrument ist. In der Produkt- und Sortimentspolitik müssen ständig Entscheidungen getroffen und laufend überprüft werden, die Weichenstellungen für das gesamte Marketing sind. Dabei stellen sich Fragen wie: Sollen wir unsere Produktpalette erweitern? Sollen wir bestimmte Produkte entfernen oder modernisieren? Hierzu möchte ich auch Ihre Einschätzungen hören und mit Ihnen einige Produkte genauer betrachten."*

Produktname	Hokki			
Information allgemein	Der dynamische Hocker „Hokki" steht für die Neuausrichtung der Primus GmbH auf den Schulmöbelmarkt. Der Bewegungssitz ist eine „Produktinnovation" und wird auch in der Fachpresse gefeiert. Nach der Präsentation auf der Didacta 2010 war die Nachfrage nicht zu erfüllen. Die Primus GmbH hat sich „Hokki" durch ein Patent auf das Design absichern lassen. Neben Schulen sind auch Büroeinrichter auf den Bewegungshocker aufmerksam geworden und ordern „Hokki" mit großen Zuwachsraten.			
	2010	**2011**	**2012**	**2013**
Marktwachstum (%)	–	7,2	8,4	9
Umsatz (€)	170.700,00	204.000,00	397.000,00	434.000,00
Gewinn	-54.200,00	-10.300,00	48.000,00	93.000,00

Produktname	**Pia Classico**			
Information allgemein	*Der Pia Classico ist ein absoluter Klassiker im Programm der Primus GmbH und Gewinner von Designpreisen. Dieser Bürostuhl steht für Langlebigkeit, Komfort und Design. Bei Büroeinrichtern ist dieser Klassiker ein „must have". Im Vertrieb wird der Bürostuhl trotz hohem Verkaufspreis als Selbstläufer bezeichnet. Der Bürostuhl ist seit 1996 im Programm der Primus GmbH.*			
	2010	**2011**	**2012**	**2013**
Marktwachstum (%)	2	2,3	2,4	2,1
Umsatz (€)	701.000,00	730.000,00	712.000,00	760.000,00
Gewinn	140.200,00	143.000,00	135.280,00	152.000,00

Produktname	**Ergo-III**			
Information allgemein	*Dieser dynamische und mitwachsende Schülerschreibtisch ist ein neues Produkt auf dem Schulmöbelmarkt. Das Interesse ist groß und erste Schulen haben sich schon ausstatten lassen. Die Primus GmbH hat stark in die Entwicklung dieses Produkts investiert und ist im Frühjahr 2013 mit einer großen Werbekampagne auf dem Schulmöbelmarkt gestartet.*			
	2010	**2011**	**2012**	**2013**
Marktwachstum (%)	–	–	–	8
Umsatz (€)	–	–	–	87.400,00
Gewinn	–	–	–	– 3.600,00

Produktname	Helge Top
Information allgemein	*Der Bürostuhl Helge Top wurde 1996 ins Programm der Primus GmbH aufgenommen und war zum Ende der 1990er-Jahre ein gefragtes Produkt. Der Bürostuhl ist nie weiterentwickelt worden. Mittlerweile führt die Primus GmbH eine Vielzahl von alternativen Produkten und das Design ist veraltet. Der Hauptumsatz für diesen Stuhl läuft über die Verkaufsboutique der Primus GmbH.*

	2010	2011	2012	2013
Marktwachstum (%)	1,1	0,9	0,7	0,3
Umsatz (€)	32.120,00	30.340,00	28.860,00	26.570,00
Gewinn	4.010,00	2.040,00	– 560,00	– 2.760,00

Information
Marktwachstum: Wachstum des Gesamtmarktes für dieses Produkt

Beschreibung und Analyse der Situation

Sammeln Sie stichwortartig Tätigkeiten in der Primus GmbH, die im Rahmen der Produktpolitik zu erledigen sind.

Frau Schiffer bezeichnet die Produktpolitik als das „Herzstück des Marketings" und spricht später von „Weichenstellungen". Erläutern Sie diese Aussage.

_____

_____

_____

_____

_____

_____

_____

_____

_____

Begründen Sie, warum Frau Schiffer verschiedene Produkte der Schiffer GmbH für die Unterrichtseinheit „Produktpolitik" nutzt.

_____

_____

_____

_____

_____

_____

_____

Planen

Frau Schiffer wünscht sich Ideen/Empfehlungen für Strategien der Marketingabteilung. Diese sollen aus der „Lebensphase" der einzelnen Produkte abgeleitet werden.

a) Erklären Sie kurz die Funktion des Produktlebenszyklus' im Rahmen der Produktpolitik.

_____

_____

_____

_____

b) Ordnen Sie die vier dargestellten Produkte der jeweiligen Phase des „idealtypischen" Produktlebenszyklus' zu.

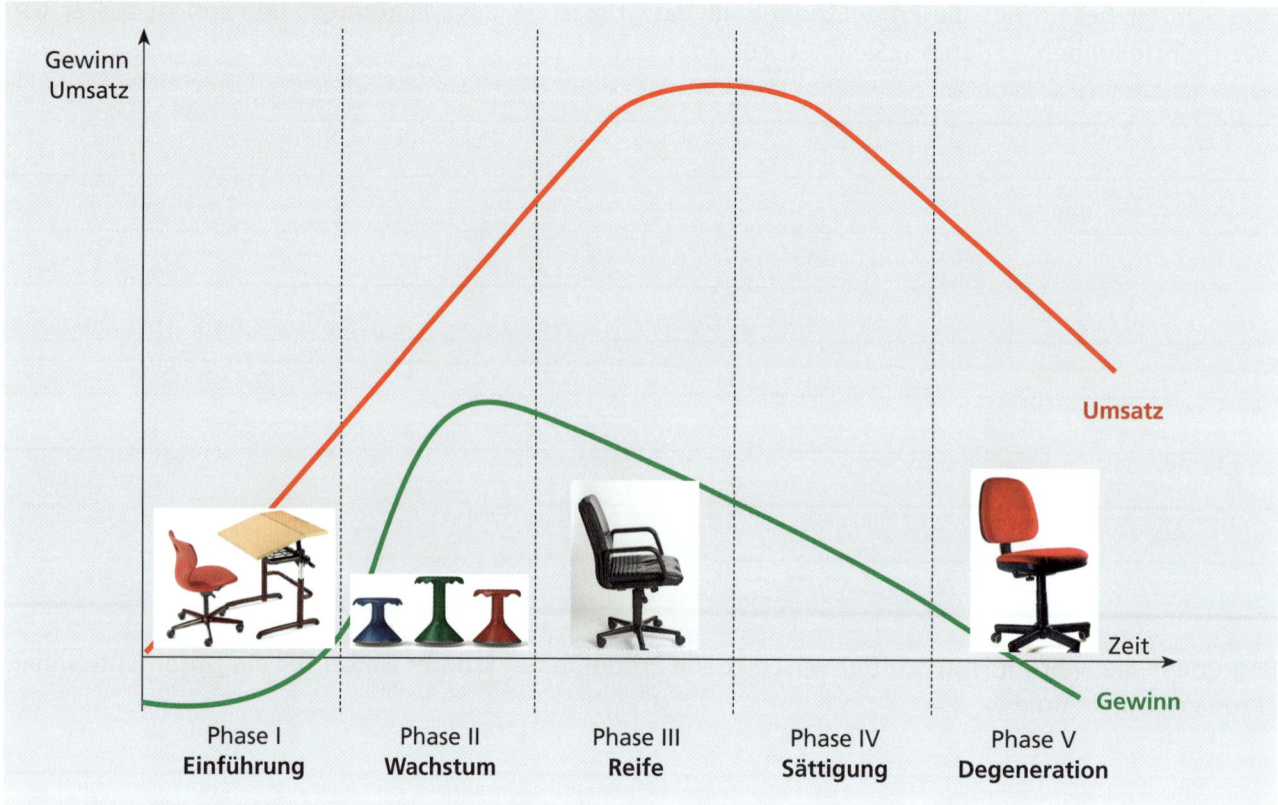

Erläutern Sie die Merkmale der jeweiligen Position. Beziehen Sie dabei die in der Einstiegssituation darge-stellten Informationen zu den vier Produkten mit ein.

Produkt	Hokki	Classico Pia	Ergo-III	Helge Top
Phase im Produkt-lebenszyklus				
Begründung				

Durchführen

Tauschen Sie Ihre Ergebnisse mit einem anderen Paar in der Klasse aus. Klären Sie in dieser Gruppe die Gründe für unterschiedliche Positionierungen im Produktlebenszyklus.

Bewerten

Gehen Sie aus den Gruppen zurück in die Partnerarbeit. Formulieren Sie Empfehlungen für Strategien der Marketingabteilung auf der Grundlage der Einordnung in den Produktlebenszyklus und der Informationen zu den Produkten.

Produkt	Hokki 	Classico Pia 	Ergo-III 	Helge Top 
Marketingstrategien				

Lernergebnisse sichern und vertiefen

Neben der eigenen Herstellung von Produkten betreibt die Primus GmbH auch einen Handel mit Bürozubehör und entsprechenden Dienstleistungen. Die Entscheidungen zur Zusammensetzung des Angebots eines Handelsbetriebs werden als Sortimentspolitik bezeichnet. Stellen Sie die wichtigsten Inhalte zur Sortimentspolitik als Marketinginstrument in einer Mindmap dar.

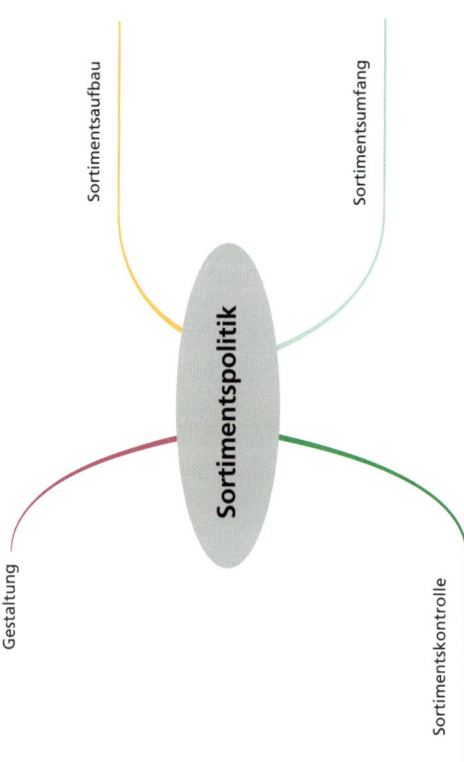

Übung 3.1: Preisbildung auf dem Markt

Die Auszubildende Nicole Höver nimmt an einer Vorbereitung für die Abschlussprüfung des Ausbildungsberufs „Kauffrau/Kaufmann für Büromanagement" teil. Der aus Norddeutschland stammende Dozent Werner Gronewold ist begeisterter Boßelsportler, ein ostfriesischer Heimatsport, und erläutert den Auszubildenden das **Prinzip der Preisbildung** auf dem vollkommenen Markt anhand eines Beispiels zur Nachfrage bzw. zum Angebot an Boßelkugeln in Ostfriesland.

a) Ergänzen Sie das folgende Schaubild zum Modell der Preisbildung auf einem vollkommenen Markt mit folgenden Begriffen:

> Vollkommener – viele Anbieter – viele Nachfrager – homogene Güter – niedriger – Markttransparenz – keine Käuferpräferenzen – Bedingungen – Nachfrage – höher – Gewinnmaximierung – Angebot – geringer – größer – Preis – Nutzenmaximierung

Modell der Preisbildung
_____

Polypol   _____ **Markt**

_____   _____   _____   _____

Marktreaktionen bei Preisveränderungen

Nachfrager: _____

→ Je _____ der Preis für ein Gut ist, desto höher ist die _____

→ Je _____ der Preis für ein Gut ist, desto niedriger ist die Nachfrage.

Anbieter: _____

→ Je niedriger der Preis für ein Gut ist, desto _____ ist das _____.

→ Je höher der _____ für ein Gut ist, desto _____ ist das Angebot.

_____
_____

● persönlich
● räumlich
● zeitlich

b) In Ostfriesland lassen sich im Hinblick auf die Nachfrage der Sportler nach Boßelkugeln folgende Preis-Mengen-Verhältnisse ermitteln:

€/Boßelkugel	60,00	50,00	40,00	30,00	20,00	10,00
Nachfrage/Stück	1 000	2 000	3 000	4 000	5 000	6 000

Die ostfriesischen Boßelsportler werden von vier Herstellern aus der Region beliefert. Die vier Anbieter orientieren sich nur an dem Marktpreis und nicht am Verhalten ihrer Konkurrenz. In Abhängigkeit vom Preis ergeben sich folgende Preis-Mengen-Verhältnisse:

€/Boßelkugel	60,00	50,00	40,00	30,00	20,00	10,00
Angebot/Stück	6 000	5 000	4 000	3 000	2 000	1 000

Übertragen Sie die Werte für die Angebots- und Nachfragekurve und bestimmen Sie den Gleichgewichtspreis zeichnerisch.

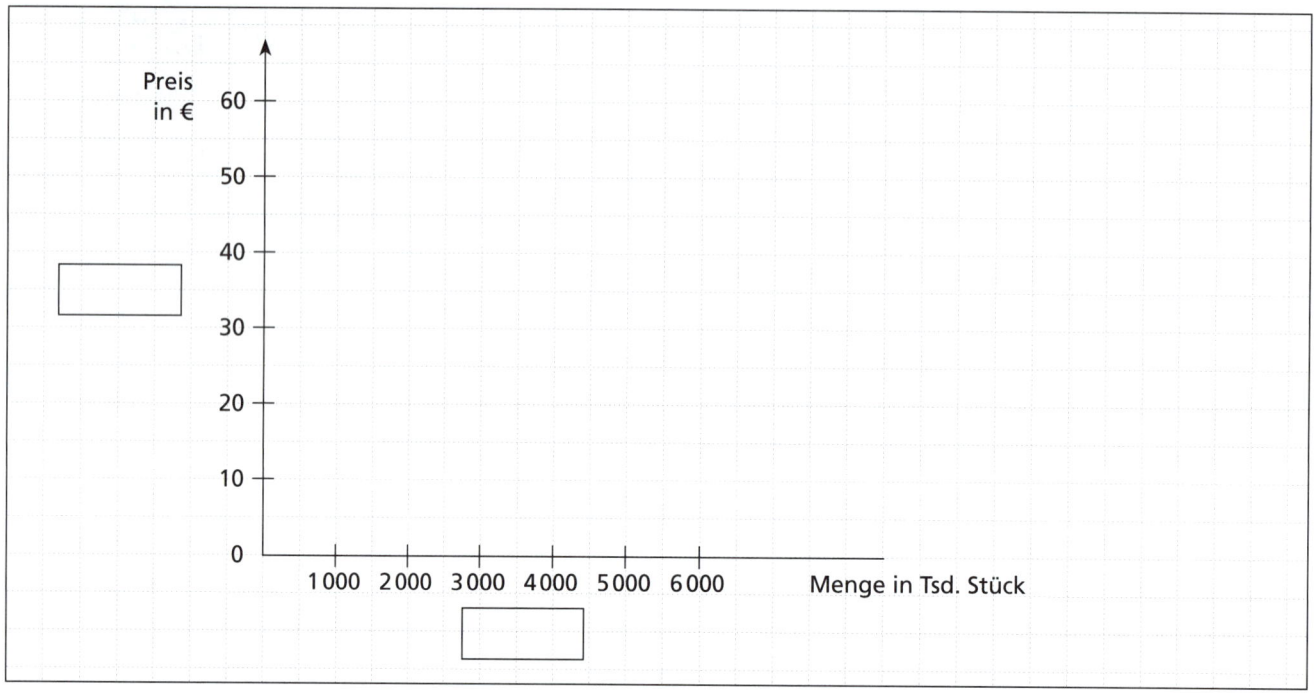

Lösung: Auf dem Markt für Boßelkugeln in Ostfriesland ergibt sich beim Angebot von _____ Stück ein Gleichgewichtspreis von __ €.

c) Übertragen Sie die Ergebnise in folgendes Koordinatensystem und markieren Sie die Bereiche für einen **Nachfrageüberhang** (Marktpreis: 10 €) und einen **Angebotsüberhang** (Marktpreis: 60 €). Ergänzen Sie abschließend die Merksätze.

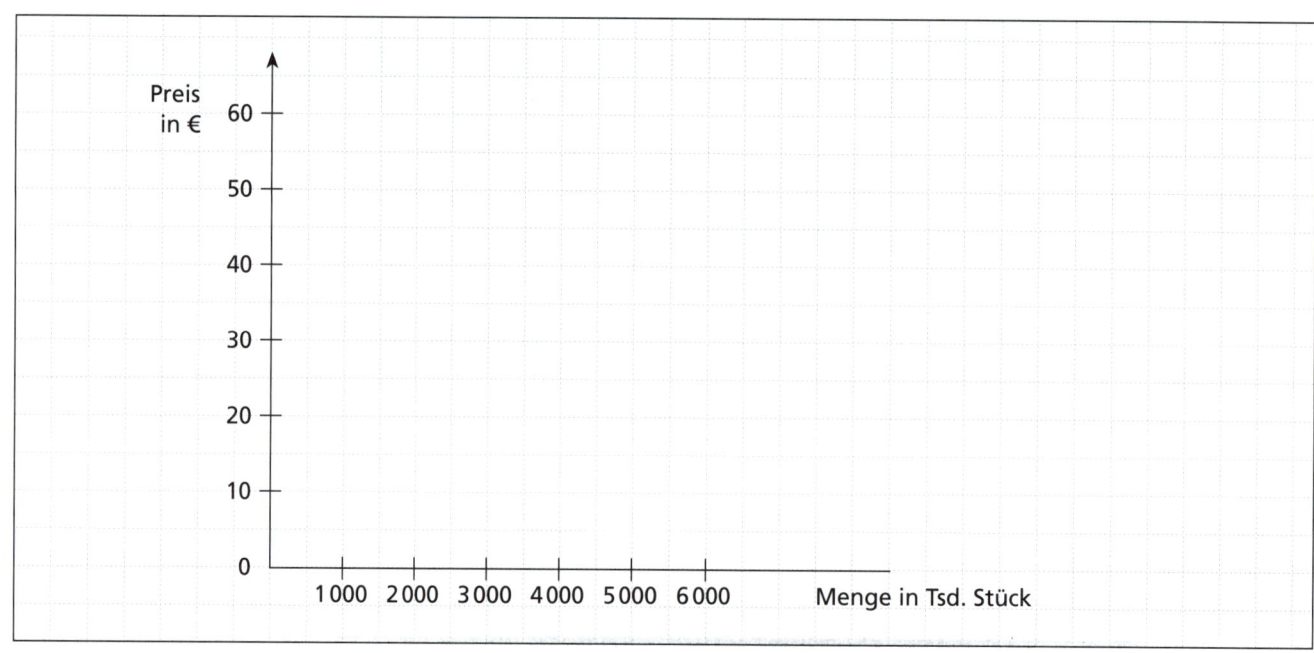

Beim **Angebotsüberhang** ist das _____ größer als die _____ => Käufermarkt

Beim **Nachfrageüberhang** ist die _____ größer als das _____ => Verkäufermarkt

Übung 3.2: Konditionen- und Servicepolitik gestalten

Ergänzen Sie das Schaubild zur Konditionen- und Servicepolitik mit folgenden Begriffen:

> Kulanz – Beförderungskosten – Lieferbedingungen – Rabatten – Marketing – Skonti
> Kaufanreize – unentgeltliche Leistungen – technischer Support – Zahlungszielen
> Konditionen – Vereinbarungen – Konkurrenz

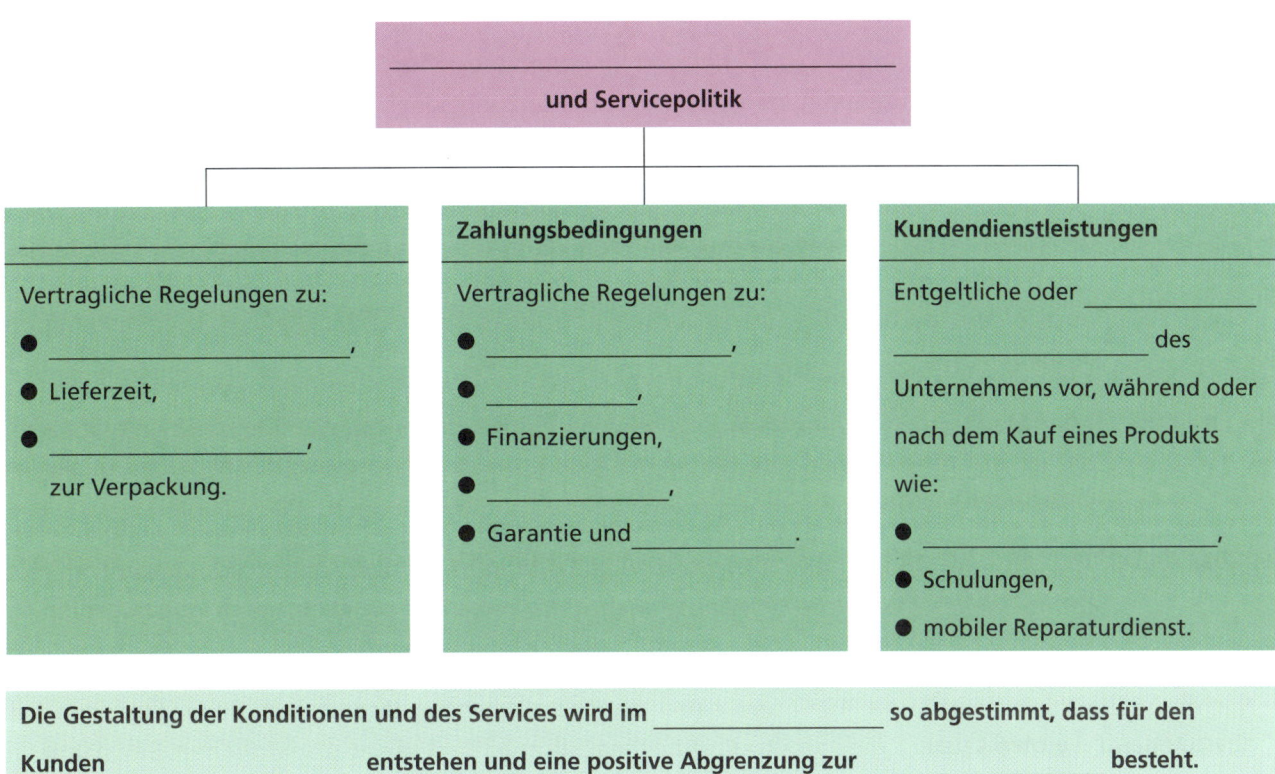

_____
und Servicepolitik

Zahlungsbedingungen

Kundendienstleistungen

_____

Vertragliche Regelungen zu:

- _____,
- Lieferzeit,
- _____,
  zur Verpackung.

Vertragliche Regelungen zu:

- _____,
- _____,
- Finanzierungen,
- _____,
- Garantie und _____.

Entgeltliche oder _____

_____ des

Unternehmens vor, während oder

nach dem Kauf eines Produkts

wie:

- _____,
- Schulungen,
- mobiler Reparaturdienst.

Die Gestaltung der Konditionen und des Services wird im _____ **so abgestimmt, dass für den**

Kunden _____ **entstehen und eine positive Abgrenzung zur** _____ **besteht.**

Übung 3.3: Dem Kunden Skonto als Kaufanreiz anbieten

Die Textilwerke Tilde Janssen OHG bestellen bei der Primus GmbH für ihr neues Verwaltungsgebäude Büromöbel zu einem Gesamtpreis von 43.200,00 €. Im Kaufvertrag wird ein Zahlungsziel von 60 Tagen vereinbart und ein Skontosatz von 3 % bei Zahlung innerhalb von 14 Tagen. Die Textilwerke möchten den Skonto über einen Bankkredit (Zinssatz 7 %) ausnutzen.

Berechnen Sie den Überweisungsbetrag bei Skontonutzung.

Ermitteln Sie die Kosten des Kredits.

Stellen Sie fest, ob sich die Skontoausnutzung in diesem Fall lohnt.

Übung 3.4: Kombination von Absatz- und Vertriebswegen

In der Primus GmbH unterhalten sich Frau Primus und ihr Abteilungsleiter Herr Winkler über die bevorstehende Sitzung der Marketingabteilung. Im Mittelpunkt der Sitzung sollen das „neue" Kaufverhalten der Kunden der Primus GmbH und mögliche Reaktionen des Unternehmens stehen.

Herr Winkler: *„Ich bin der Meinung, dass wir den Vertrieb unserer Produkte in Zukunft auf das Internet verlagern sollten. Unsere Geschäftskunden verhalten sich doch nicht anders als die Kundschaft im Handel. Im Internet einkaufen ist doch heute der Regelfall. Was sollen wir uns da noch einen teuren Außendienst leisten und jedes Jahr viel Geld für Hochglanzkataloge ausgeben?"*

Frau Primus: *„Der Meinung war ich auch. Als ich mich dann aber näher mit der Thematik befasst habe, bin ich auf eine interessante Studie gestoßen. Die Ergebnisse aus dieser Studie gehen in eine andere Richtung."*

Herr Winkler: *„Das ist interessant! Dann berichten Sie doch in der nächsten Sitzung von dieser Untersuchung. Vielleicht sind die Ergebnisse wichtig für unsere zukünftigen Vertriebsstrategien?"*

Information:

B2B-Multi-Channel-Studie: Jede dritte Online-Bestellung folgt einer persönlichen Beratung

Kunden denken nicht in Vertriebskanälen – auch Geschäftskunden nicht

Wenn es um den Kaufentscheidungsprozess geht, scheinen sich Geschäftskunden in einem Punkt nicht sonderlich von Endkunden zu unterscheiden: Ob B2B- oder B2C-Kunde, beide Kundengruppen denken nicht in Vertriebskanälen, sondern werden durch unterschiedliche Kanäle gleichzeitig beeinflusst. Multi-Channel-Käufe stehen also auch bei Geschäftskunden auf der Tagesordnung. Wie stark der wechselseitige Einfluss der verschiedenen Kanäle im B2B-Geschäft tatsächlich ist, wurde in einer Studie auf Basis einer Online-Panel-Befragung von 1.047 Unternehmen analysiert. Um das Multi-Channel-Verhalten der teilnehmenden Unternehmen beurteilen zu können, wurden diese zu ihrem Informations- und Kaufverhalten befragt. Die Ergebnisse zeigen: Die Mehrheit der Geschäftskunden ist als Multi-Channel-Käufer unterwegs und informiert sich vor dem Kaufabschluss in einem oder zwei alternativen Kanälen. Das Internet ist dabei Informationsquelle Nummer eins. So haben sich vor dem Kauf im persönlichen Kontakt etwa 72 Prozent und vor der Bestellung über ein Print-Medium 61 Prozent der Kunden online informiert. Suchmaschinen sowie Marken- oder Herstellerwebsites werden dabei am häufigsten zurate gezogen.

Persönlicher Kontakt ist ein wichtiger Impulsgeber im B2B-Geschäft

Für den B2B-Bereich spielt der persönliche Kontakt im Kaufentscheidungsprozess eine besonders wichtige Rolle. Sowohl der Erfolg von Online-Shops als auch vor allem die Umsätze über Print-Medien sind eng mit einem vorangegangenen persönlichen Beratungsgespräch, beispielsweise auf Messen, verknüpft. So werden 74,6 Prozent der Umsätze in Online-Shops von Kunden erzielt, die sich zuvor in einem persönlichen Gespräch informiert haben. Bei Print-Bestellungen macht der persönliche Kontakt sogar 92,5 Prozent des Gesamtumsatzes aus. Auch die Print-Medien selbst dienen als wichtiger Impulsgeber: 36,2 Prozent der Käufer in Online-Shops, haben sich zuvor in Katalogen oder Broschüren über die angebotenen Produkte und Leistungen informiert. „Kanalübergreifendes Kaufverhalten ist mittlerweile auch im B2B-Geschäft Realität. Kunden übertragen ihr privates Multi-Channel-Verhalten mehr und mehr in ihren Geschäftsalltag", so die Aussage eines Experten.

Die Gründe für Kanalwechsel im Kaufprozess sind vielfältig

Die Gründe, warum Kunden zwischen den unterschiedlichen Vertriebstypen wechseln, sind vielfältig. Die Hauptgründe für einen Kanalwechsel hin zum persönlichen Kontakt sind der Wunsch nach Beratung sowie das Sehen oder Anfassen der Produkte etwa während einer Präsentation. Der Wechsel in die Distanzvertriebskanäle ist häufig durch die Suche nach weiterführenden Produkt- oder Preisinformationen motiviert.

Quelle: www.ecc-handel.de/Themenfelder/themen-detail.php?we_objectID=1862, 14.5.2012; Abruf am 27.8.2014.

1 Klären Sie den Begriff „Multi-Channel-Kaufverhalten" und ergänzen Sie das Schaubild.

_____

_____

_____

_____

Vertriebskanäle der Primus GmbH (Multi-Channel)

2 Lesen Sie den Fachtext und fassen Sie die wichtigsten Aussagen der Studie zusammen.

_____

_____

_____

_____

_____

_____

_____

_____

_____

_____

_____

_____

_____

_____

3 Die Mitarbeiter und Mitarbeiterinnen der Marketing-Abteilung reagieren überrascht auf die Ergebnisse der Studie. Insbesondere Herrn Winklers Aussage: *„Unsere Geschäftskunden verhalten sich doch nicht anders als die Kundschaft im Handel. Im Internet einkaufen ist doch heute der Regelfall. Was sollen wir uns da noch einen teuren Außendienst finanzieren und jedes Jahr viel Geld für Hochglanzkataloge ausgeben"* wird infrage gestellt.

Formulieren Sie drei strategische Maßnahmen für die Primus GmbH, die auf der Grundlage der Studie sinnvoll erscheinen.

_____

_____

_____

_____

_____

_____

_____

_____

_____

_____

_____

_____

Übung 3.5: Kostenvergleich Reisender versus Handelsvertreter

Die Primus GmbH möchte für den Vertrieb im neuen Segment „Schulmöbel" entweder einen eigenen Außendienst (Reisender) oder einen Handelsvertreter einsetzen. Die Gehalts- und Reisekosten für einen Reisenden würden sich aus 40.000,00 € Grundgehalt und einer Umsatzprovision von 2 % zusammensetzen. Der Handelsvertreter würde eine Umsatzprovision von 8 % erhalten. Die Primus GmbH geht von einem prognostizierten Umsatz von 2.000.000,00 € aus.

a) Erstellen Sie einen tabellarischen Kostenvergleich für die angegebenen Umsatzhöhen des Handelsvertreters und des Reisenden. Nutzen Sie dazu nach Möglichkeit ein Tabellenkalkulationsprogramm.

	Reisender	Handelsvertreter
Fixe Kosten (€)		
Provision (%)		
	Reisender	Handelsvertreter

	Kosten			
Umsatz in Euro	Handlungsreisender (HR)			Handelsvertreter (HV)
	Fixe Kosten (Kf)	Variable Kosten (Kv)	Gesamtkosten HR	Gesamtkosten HV
0,00				
200.000,00				
400.000,00				
600.000,00				
800.000,00				
1.000.000,00				
1.200.000,00				
1.400.000,00				
1.600.000,00				
1.800.000,00				
2.000.000,00				

b) Übertragen Sie nun Ihre Ergebnisse in das Koordinatensytem bzw. setzen Sie Ihr tabellarisches Ergebnis in einem Diagramm um. Ermitteln Sie den Break-even-Point für den Kostenvergleich der beiden Vertriebswege.

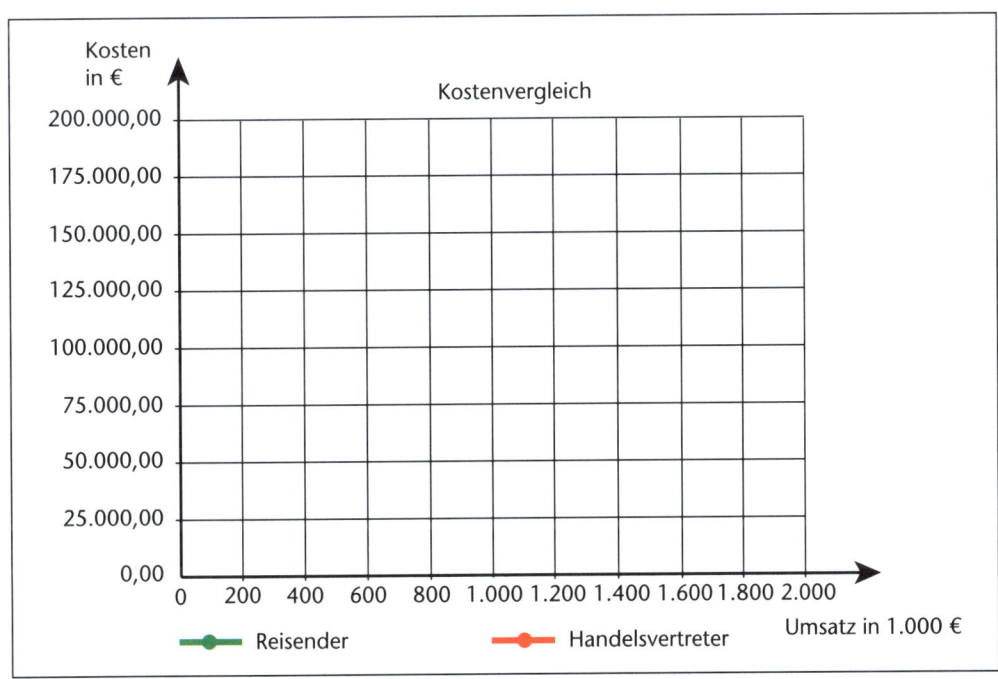

c) Kontrollieren Sie Ihren ermittelten Break-even-Point rechnerisch.

Der Break-even-Point des Kostenvergleichs zwischen einen Handelsvertreter und einem Reisenden liegt bei einem jährlichen Umsatz von _____

Ab dem Errreichen dieser Umsatzhöhe ist die Einstellung eines _____ günstiger.

Übung 3.6:   Einen Werbeplan erstellen

Die Werbeplanung für den neuen dynamischen Sitzhocker „Hokki" muss sorgfältig vorbereitet werden. Dabei gilt es, die Inhalte festzulegen. Ergänzen Sie die fehlenden Fachbegriffe in der Tabelle und formulieren Sie für die jeweilige Fragestellung der Werbeplanung ein Beispiel.

_____	_____
Welches Ziel soll verfolgt werden?	
Was soll der Zielgruppe in der Werbung mitgeteilt werden?	
Womit wird geworben?	
Welche Medien werden eingesetzt?	
Welche Zielgruppe soll angesprochen werden?	
Wann soll geworben werden?	

Wo soll geworben werden?	
Wie viel Geld steht für die Werbung zur Verfügung?	
Wie ist das Verhältnis der eingesetzten Werbemittel zum Streugebiet und zur Zielgruppe?	

Übung 3.7: Die Einhaltung des Gesetzes gegen den unlauteren Wettbewerb berücksichtigen

Kopfstandmethode: Wie können wir gegen das Gesetz gegen den unlauteren Wettbewerb (UWG) verstoßen?

Halten Sie in der nachstehenden Abbildung fest, welche Verhaltensweisen als wettbewerbswidrig gelten. Beschreiben Sie in vier Beispielen, wie Ihr Ausbildungsbetrieb (oder z. B. die Primus GmbH) gegen das UWG verstoßen könnte.

Verstöße gegen das UWG

Übung 3.8: Den Marketing-Mix auf seinen Erfolg untersuchen und gängige Kennziffern berechnen

Frau Schiffer, die Gruppenleiterin für Marketing, ist genervt. „*Nun soll ich in der nächsten Woche unseren Geschäftsführern den Erfolg unseres Marketing-Mixes für das Produktprogramm ‚Büroeinrichtung' aufzeigen. Mir fehlen noch die Kennzahlen, um zu belegen, wie sich unser Marketing-Mix bewährt hat! Ich brauche dringend die Daten aus dem Controlling und der Marktforschung.*"

1 Berechnen Sie die folgenden Kennziffern aufgrund der vorliegenden Daten.

	Vorjahr	aktuelles Jahr
Umsatz Primus GmbH	63 Millionen Euro	62 Millionen Euro
Marktvolumen Büroeinrichtung	2,17 Milliarden Euro	2,3 Milliarden Euro

Kennziffer: Marktanteil

Formel

$$\text{Marktanteil in \%} = \frac{\text{Unternehmensumsatz oder -absatz} \cdot 100}{\text{Marktvolumen}}$$

Kennziffer: Marktwachstum

Formel

$$\text{Marktwachstum in \%} = \frac{\text{zusätzliches reales Wachstum in einer Periode} \cdot 100}{\text{Marktvolumen der vorigen Periode}}$$

2 Beurteilen Sie die berechneten Kennziffern im Zusammenhang mit dem Einsatz der Marketing-Mix-Aktivitäten der Primus GmbH.

_____

_____

_____

_____

_____

Aufgaben zur Prüfungsvorbereitung

1. Die Primus GmbH plant, einen neuartigen Bürostuhl mit größerem Sitzkomfort und neuem Design auf den Markt zu bringen.

   a) Vor der Markteinführung wollen Sie die Bedarfs- und die Konkurrenzstruktur analysieren. Dabei wollen Sie die Ergebnisse der Primär- und der Sekundärforschung der Primus GmbH verwenden. Erläutern Sie, was man unter Primärforschung und Sekundärforschung versteht, und geben Sie jeweils zwei Beispiele an.

   _____

   _____

   _____

   _____

   _____

   _____

   _____

   _____

   _____

   _____

   _____

   _____

   _____

   _____

   _____

   _____

   _____

   b) Bei der Markteinführung des neuen Bürostuhls soll der Schwerpunkt der Marketingmaßnahmen im Bereich der Verkaufsförderung (= Salespromotion) gelegt werden.

   Nennen Sie vier Maßnahmen, die zur Verkaufsförderung für den Bürostuhl durchgeführt werden können.

   _____

   _____

   _____

   _____

   _____

   _____

2. Die Primus GmbH liefert ihre Produkte an Großabnehmer auf dem direkten Absatzweg. Für den Verkauf an andere gewerbliche Abnehmer erfolgt der Absatz indirekt über Großhändler.

Nennen Sie
a) drei Faktoren, die bei der Wahl des Absatzweges entscheidend sein können.

_____

_____

_____

_____

_____

_____

_____

b) zwei Vorteile des direkten Absatzes.

_____

_____

_____

_____

_____

_____

c) zwei Vorteile des indirekten Absatzes.

_____

_____

_____

_____

_____

3. Sie sind Mitarbeiter/-in einer Projektgruppe, die ein Marketingkonzept entwickelt, um einen völlig neuartigen Bürostuhl zu verkaufen. Für eine erfolgreiche Werbekampagne soll ein Werbeplan erstellt werden.

a) Formulieren Sie in Ergänzung zu den folgenden Fragen drei weitere Fragen zur Vervollständigung des Werbeplans.

Wer soll die Werbung gestalten?

Welchen Inhalt soll die Werbung haben bzw. welche Botschaft soll transportiert werden?

Wann soll die Werbung erfolgen?

_____

_____

_____

_____

_____

_____

_____

_____

b) Neben der Absatzwerbung soll auch die Öffentlichkeitsarbeit (Public Relations) eingesetzt werden.

ba) Erläutern Sie ein mögliches Ziel, das die Primus GmbH mit Öffentlichkeitsarbeit erreichen möchte.

_____

_____

_____

_____

_____

_____

_____

bb) Nennen Sie vier Public-Relations-Maßnahmen.

_____

_____

_____

_____

_____

_____

_____

_____

_____

4. Sie überlegen, welche Werbemaßnahmen infrage kommen, um den Absatz des Taschenrechners SF-4300 zu erhöhen. Welche Maßnahme würde gegen das „Gesetz gegen den unlauteren Wettbewerb" verstoßen?

1. Unaufgeforderte Anrufe bei Verbrauchern, um Geschäftsabschlüsse anzubahnen
2. Fernsehwerbung
3. Zugabe von Ersatzbatterien
4. Gewährung von 5 % Skonto
5. Mengenrabatt

Antwort: ☐

5. In welchem der folgenden Fälle erheben Sie Daten durch eine Primärerhebung?

    1. Sie entnehmen die Daten für eine Überstundenstatistik aus den Lohnlisten.
    2. Sie entnehmen die Geburtsdaten für eine Altersstatistik den Personalunterlagen.
    3. Sie entnehmen die Fehlzeiten für eine Krankenstatistik den Personalunterlagen.
    4. Sie untersuchen die Meinung der Kunden zu den Ladenöffnungszeiten mittels Fragebogen.
    5. Sie fordern die Verkaufszahlen von der Absatzabteilung an.   Antwort: ☐

6. Marketingpolitische Entscheidungen werden in der Primus GmbH auch auf der Basis von Marktforschungsergebnissen getroffen. In diesem Zusammenhang nutzt die Primus GmbH Maßnahmen im Rahmen der Sekundärforschung. Welche zwei Maßnahmen gehören zur Sekundärforschung?

    Mitarbeiter der Primus GmbH ...
    1. ... führen Kundengespräche zum aktuellen Sortiment.
    2. ... werten Artikel aus Fachzeitschriften aus.
    3. ... erstellen einen Fragebogen zu einem neuen Artikel.
    4. ... führen Telefoninterviews zur Kundenzufriedenheit.
    5. ... entnehmen Informationen aus statistischen Jahrbüchern.
    6. ... werten den Erfolg einer Promotion-Aktion aus.   Antworten ☐ und ☐

7. Um einen möglichst großen Kundenkreis anzusprechen, werden im Rahmen der Preispolitik Maßnahmen überlegt.

    Nennen Sie drei sinnvolle Maßnahmen der Preisdifferenzierung.

_____

_____

_____

_____

_____

_____

8. Sie nehmen an einem Abteilungsmeeting der Verkaufsabteilung teil, in dem verschiedene Kommunikationsmittel zur Bekanntmachung des neuen Bürodrehstuhls diskutiert werden.
Ordnen Sie die folgenden Kommunikationsmittel den danebenstehenden Maßnahmen zu, indem Sie die Ziffer vor dem jeweils zutreffenden Kommunikationsmittel eintragen.

Kommunikationsmittel:
1. Werbung
2. Verkaufsförderung
3. Öffentlichkeitsarbeit

☐ Kostenlose Ausstattung einer Schule mit einem Produkt

☐ Vorstellung in Anzeigen von Fachzeitschriften

☐ Durchführung eines Gewinnspiels

☐ Angebot zum Einführungspreis

☐ Durchführung einer Mailingaktion

☐ Veranstaltung eines „Tags der offenen Tür"

Wertströme erfassen und beurteilen

Lernsituation 1: Sie planen eine Inventur, führen diese durch und werten sie aus

Nicole Höver, Auszubildende der Primus GmbH, ist seit einer Woche in der Abteilung Rechnungswesen, als sie ein Gespräch zwischen Herrn Müller und Frau Primus mithört:

Herr Müller: *„Karl Weil e.K. – Sie wissen schon, Frau Primus, der Großhändler für Kleinmöbel neben unserem Unternehmen – will aus Altersgründen zum 31. Dezember seinen Betrieb aufgeben. Er hat uns ein Angebot gemacht."*

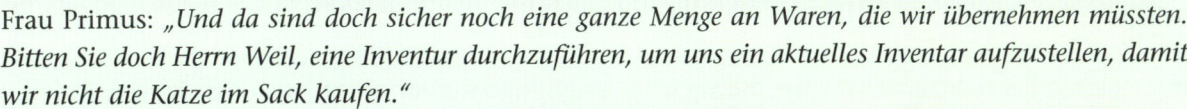

Frau Primus: *„Wir suchen doch seit Langem nach Möglichkeiten der Erweiterung unserer Fertigungs- und Lagerhalle, das wäre doch ideal!"*

Herr Müller: *„Aber der Kaufpreis entspricht nicht ganz unseren Vorstellungen."*

Frau Primus: *„Und da sind doch sicher noch eine ganze Menge an Waren, die wir übernehmen müssten. Bitten Sie doch Herrn Weil, eine Inventur durchzuführen, um uns ein aktuelles Inventar aufzustellen, damit wir nicht die Katze im Sack kaufen."*

Herr Müller: *„Ja, das sollten wir tun, ich werde umgehend mit Herrn Weil Kontakt aufnehmen und ihm anbieten, zur Unterstützung unsere Auszubildenden rüberzuschicken."*

Beschreibung und Analyse der Situation

Erläutern Sie in Einzelarbeit die Gründe, warum Frau Primus wünscht, dass Herr Weil eine Inventur durchführen und ein Inventar aufstellen soll.

_____

_____

_____

_____

_____

_____

_____

_____

Nennen Sie notwendige Vorbereitungen, an die Herr Weil denken muss, um die anstehende Inventur zu planen.

_____

_____

_____

_____

_____

_____

_____

Erläutern Sie, welche Ziele diese Inventur verfolgt, und stellen Sie Ihre Überlegungen Ihrer Sitznachbarin bzw. Ihrem Sitznachbarn vor.

_____

_____

_____

_____

_____

Planen und durchführen

Planen Sie in Gruppenarbeit eine Inventur des Unternehmens Karl Weil e. K..

Schritt 1:

Informieren Sie sich zunächst über die verschiedenen Inventurverfahren nach der Art der Aufnahme und stellen Sie diese in der folgenden Lernübersicht (Tabelle) dar.

Arten der Inventurverfahren
Körperliche Inventur:
_____
_____
_____
Buchinventur:
_____
_____
_____
_____
Stichtaginventur:
_____
_____
_____
_____
Zeitnahe Inventur:
_____
_____
_____
_____

Arten der Inventurverfahren

Permanente Inventur:

_____

_____

_____

_____

_____

Entscheiden Sie: Welche Inventurverfahren werden bei der Inventur des Betriebs von Karl Weil e. K. Anwendung finden?

_____

_____

_____

_____

_____

_____

Schritt 2:

Entwickeln Sie einen **Inventurablaufplan** zur Durchführung der Inventur. Dieser sollte eine Übersicht liefern,

○ wer	○ welche Ware	○ wo	○ wann

erfasst.

Skizzieren Sie Ihren Plan zusätzlich auf einer Folie/einem Plakat und stellen Sie ihn in der Klasse vor, bevor Sie ihn ins Arbeitsheft übernehmen. Einigen Sie sich in der Klasse auf die Nutzung eines einheitlichen Inventurablaufplans.

Schritt 3:

Bevor Sie nun eine beispielhafte Inventur durchführen, sollten Sie die folgenden Fragen klären:

1 Begründen Sie, warum die Handelswaren mit ihrem Bezugspreis bewertet werden müssen.

_____

_____

_____

2 Überlegen Sie, welche weiteren organisatorischen und vorbereitenden Tätigkeiten zur Durchführung einer Inventur notwendig sind, und notieren Sie Ihre Überlegungen in Stichworten.

_____

_____

_____

_____

_____

_____

Durchführen

Nicole Höver und Andreas Dick sind nun für die Inventurarbeiten im Warenlager des Unternehmens Karl Weil e. K. eingesetzt. Um einen reibungslosen Inventurablauf zu ermöglichen, hat Karl Weil im Rahmen der vorbereitenden Inventurarbeiten alle aufzunehmenden Artikel bereits mit den Bezugs-/Einstandspreisen versehen. Nicole Höver und Andreas Dick sind im Gang 4 und stehen vor dem Fach 2 des Bereichs Elektro/Lampen.

1. N 301, 130 Stück Schreibtischlampe „Lux 100", Verkaufspreis 98,00 €, Bezugspreis 53,90 €, davon eine mit Rissen am total verbeulten Schirm.

2. N 311, 50 Stück Schrankleuchten „Solar 2000", Verkaufspreis 178,00 €, Bezugspreis 97,90 €.

3. N 314, 20 Stück Schreibtischlampe „Neon", Verkaufspreis 54,00 €, Bezugspreis 28,00 €, Vorvorjahresmodell, wird nicht mehr hergestellt, da die Nachfrage sehr stark eingebrochen ist.

4. H 520, 80 Hängelampen „Design", Verkaufspreis 218,00 €, Bezugspreis 76,30 €, an einer Hängelampe Kratzer am Gehäuse (kaum sichtbar).

5. H 550, 40 Hängelampe „Optika-100", Verkaufspreis 248,00 €, Bezugspreis 99,20 €.

Inventurliste der Primus GmbH zur Aufnahme des Betriebs von Karl Weil e. K.

Abteilung/Lagerort/Fach: _____   Aufnahmetag: _____

Waren-Nr.	Gegenstand			Festgestellte		Ver-kaufs-preis	Ein-stands-preis	Minus		Inven-tur-wert
	Handelsübliche Bezeichnung	Beschaf-fenheit		Menge Anzahl	Stück, kg, m			%	Wert-abschlag	
_____	_____	_____		_____	_____	_____	_____		_____	_____
_____	_____	_____		_____	_____	_____	_____	_____	_____	_____
_____	_____	_____		_____	_____	_____	_____		_____	_____
_____	_____	_____		_____					_____	_____
_____	_____	_____		_____	_____	_____	_____		_____	_____
_____	_____	_____		_____	_____	_____	_____		_____	_____
_____	_____	_____		_____	_____	_____	_____		_____	_____

Beschaffenheit: **1** = einwandfrei **2** = Wertabschlag 30 % – verschmutzt, leicht defekt, veraltet **3** = Wertabschlag 100 % – Ware ist unverkäuflich

_____

Datum   _aufgenommen_   _geprüft_

Bewerten und reflektieren

Vergleichen Sie in Partnerarbeit Ihre ausgefüllten Inventurlisten und gehen Sie selbstständig eventuellen Abweichungen nach.
Beurteilen Sie anschließend in Partnerarbeit Ihre Vorbereitung sowie die Ausführung der Inventur mit den folgenden Hilfsfragen.

Wie hilfreich war die vorgegebene Inventurliste – was würden Sie an der Liste ändern?

_____

_____

_____

_____

Auf welche Schwierigkeiten sind Sie gestoßen?

_____

_____

_____

_____

Lernergebnisse sichern und vertiefen

Erstellen Sie eine Mindmap oder eine Zusammenfassung, die Ihnen bei einem kurzen **Vortrag** zur Inventur hilft. Dabei sollten Sie auf die folgenden Aspekte eingehen können:

a) Vorbereitung der Inventur: Was muss alles beachtet und entschieden werden?

b) Hilfsmittel zur Durchführung der Inventur: Was hilft bei einer reibungslosen und zügigen Inventur?

c) Bewertungsprobleme: Warum sind die Warenbestände mit den Anschaffungskosten anzusetzen?

Lassen Sie sich im Anschluss an Ihren Vortrag ein Feedback geben.

Notizen zur Vorbereitung: _____

_____

_____

_____

_____

_____

_____

_____

_____

_____

_____

_____

_____

_____

_____

_____

_____

_____

_____

Übung 1.1: Ein Inventar erstellen

Im Unternehmen „Büromöbel Manfred Weckert e. K." wurde zum Abschlussstichtag 31.12.20.. die Inventur durchgeführt. Nun liegen die folgenden ungeordneten Informationen vor:

		€
UV	Kassenbestand lt. Kassenbuch (Anl. 8)	7.152,00
___	Maschinen lt. Maschinenkarten (Anl. 1)	421.488,00
___	Werkstoffe lt. Aufnahmelisten (Anl. 3)	680.570,00
___	Hypothekenschuld: Sparkasse Aachen lt. Kontoauszug (Anl. 11)	764.700,00
___	Unfertige Erzeugnisse lt. Aufnahmelisten (Anl. 4)	521.000,00
___	Forderungen aus Lieferungen und Leistungen lt. Rechnungsdurchschriften (Anl. 7): ● Exakta Büromöbel GmbH, Schlossstr. 15, 53757 St. Augustin ● Karl Müller, Möbelhandel, Meterstr. 68, 52066 Aachen ● Rellek Bürohandels GmbH, Königbauerstr. 123, 52333 Düren	974.400,00 266.560,00 914.625,00
___	Darlehensschuld: Holzkönig GmbH, Lange Str. 1, 53111 Bonn lt. Vertragskopie (Anl. 12)	1.278.000,00
___	Bankguthaben: ● Raiffeisenbank Aachen lt. Kontoauszug (Anl. 9) ● Sparkasse Aachen lt. Kontoauszug (Anl. 10)	134.156,00 24.876,00
___	Verbindlichkeiten aus Lieferungen und Leistungen lt. Rechnungen (Anl. 14): ● Holzkönig GmbH, Lange Str. 1, 53111 Bonn ● Müller & Söhne, Bürohandel, Grundstraße 17, 52525 Heinsberg	425.600,00 163.520,00
___	Bankschulden: Sparkasse Aachen lt. Kontoauszug (Anl. 13)	463.289,00
___	Grundstück Industriestraße 130, mit Fabrikgebäude	847.820,00
___	Betriebs- und Geschäftsausstattung lt. Inventur-Erläuterungsbogen (Anl. 2)	237.214,00
___	Handelswaren lt. Aufnahmelisten (Anl. 6)	12.400,00
___	Fertige Erzeugnisse lt. Aufnahmelisten (Anl. 5)	980.000,00

a) Sortieren Sie in einem ersten Schritt die vorliegende Liste. Kennzeichnen Sie dazu in der ersten Spalte
   Vermögensgegenstände des Anlagevermögens mit AV,
   Vermögensgegenstände des Umlaufvermögens mit einem UV,
   langfristige Schulden mit einem LS und
   kurzfristige Schulden mit KS.

b) Informieren Sie sich anschließend über die Gliederung eines Inventars und stellen Sie aufgrund vorstehender Angaben und unter Beachtung der Grundsätze ordnungsmäßiger Buchführung das Inventar auf.

Inventar Büromöbel Manfred Weckert e. K. zum 31. Dezember 20..

Art, Menge, Einzelwert	€	€
Vermögen		
Anlagevermögen		
Summe des Vermögens		
Summe der Schulden		

Übung 1.2: Inventare vergleichen und auswerten

Um das aktuelle Inventar mit dem des vergangenen Jahres besser vergleichen zu können, hat der Büromöbelproduzent Manfred Weckert e. K. diese mit einem Tabellenkalkulationsprogramm zusammengefasst.

	A	B	C	D	E	F	G
				Inventarvergl [Kompatibil			
			Start Einfügen Seitenlayout Formeln Daten Überprüfen Ansicht				
			N20 ▾ f_x				
1			INVENTARVERGLEICH	Vorjahr	Berichtsjahr	Abweichungen zum Vorjahr	
2		Art		€	€	€	%
3			1. Gebäude, Ring 18-20	871.820,00	847.820,00		
4			2. Grundstück unbebaut	58.749,00	0,00		
5			3. Maschinen	376.329,00	421.488,00		
6			4. Betriebs- und Geschäftsaustattung	296.518,00	37.214,00		
7			Summe Anlagevermögen				
8			5. Roh-, Hilfs- und Betriebsstoffe	733.260,00	680.570,00		
9			6. Unfertige Erzeugnisse	543.155,00	521.000,00		
10			7. Fertige Erzeugnisse	1.050.839,00	980.000,00		
11			8. Handelswaren	5.542,00	12.400,00		
12			9. Forderungen a. LL	1.591.777,00	2.155.585,00		
13			10. Bankguthaben	9.976,00	159.032,00		
14			11. Kassenbestand	4.435,00	7.152,00		
15			Summe Umlaufvermögen				
16			Gesamtvermögen				
17			1. Hypothek	780.742,00	764.700,00		
18			2. Darlehen	264.000,00	1.278.000,00		
19			3. Bankschulden	1.223.208,00	463.289,00		
20			4. Verbindlichkeiten a. LL	875.145,00	589.120,00		
21			Gesamtschulden				
22							
23		C. Errechnung des Eigenkapitals					
24			Gesamtvermögen				
25	–		Gesamtschulden				
26			Eigenkapital = Reinvermögen				

1. Berechnen Sie (mit einem Tabellenkalkulationsprogramm) die fehlenden Werte.

2. Geben Sie die Formeln für die unterlegten Felder an:

I 3	_____	G 16	_____
J 3	_____	H 24	_____
G 7	_____	H 26	_____

3. Vergleichen Sie die Inventare der beiden Jahre miteinander und stellen Sie in einem kurzen Bericht dar, welche Maßnahmen das Unternehmen im Berichtsjahr durchgeführt hat, um die Situation im Vergleich zum Vorjahr zu ändern.

_____

_____

_____

_____

_____

_____

_____

_____

_____

_____

_____

4. Welche Ursachen könnten die Veränderung des Reinvermögens herbeigeführt haben?

_____

_____

_____

_____

_____

_____

_____

_____

_____

_____

_____

Übung 1.3: Typische Belege prüfen und ihre Bedeutung analysieren

Durch die Geschäftsabläufe in einem Unternehmen entsteht eine Vielzahl von Wertströmen, die über verschiedene Arten von Belegen abgebildet werden. Wertströme ergeben sich durch

- Wareneinkäufe
- Verkäufe von Waren und fertigen Produkten auf Rechnung
- Kassenein- oder -auszahlung
- Zahlungsein- oder -ausgänge auf dem Bankkonto

→ Eingangsrechnungen (ER)
→ Ausgangsrechnungen (AR)
→ Kassenbelege (KB)
→ Kontoauszüge der Bank (BA)

Benennen Sie die Belegart der folgenden Belege, prüfen Sie deren rechnerische Richtigkeit und beschreiben Sie, welche Informationen sich aus dem Beleg ergeben.

Primus GmbH

Büroeinrichtung und Zubehör

Primus GmbH · Koloniestraße 2 – 4 · 47057 Duisburg

Herbert Blank e. K.
Bürofachgeschäft
Cäcilienstr. 86
46147 Oberhausen

Telefon: 0203 4453690
Internet: www.primus-bueroeinrichtung.de
E-Mail: info@primus-bueroeinrichtung.de

Datum: 04.10.20..

RECHNUNG

Ihr Auftrag vom:	Kunden-Nr.	Rg.-Nr.	Datum
04.10.20..	10170	520-349	04.10.20..

Art.-Nr.	Menge	Artikelbezeichnung	Einzelpreis €	Gesamtpreis €
159B574	8	Schreibtisch Primo	212,50	1.696,00
159B616	6	Unterschrank Primo	142,50	855,00
			Zwischens.	2.551,00
			+ 19 % USt	484,69
			Rechnungs-betrag	3.035,69

Zahlbar bis 18.10.20.. ohne Abzug

Primus GmbH, Geschäftsführung: Sonja Primus, Markus Müller, Amtsgericht Duisburg, HRB 47110
UID: DE 123654789, Steuernummer: 134/1320/0146
Bankverbindungen:
Sparkasse Duisburg, IBAN: DE1235050000036058796 BIC: DUISDE33XXX
Postbank Dortmund, IBAN: DE76440100460286778431 BIC: PBNKDEFF440

Belegart: _____

Absender: _____

Adressat: _____

_____

Information: _____

_____

_____

_____

_____

rechnerisch richtig:

Ja ☐   Nein ☐

Fehler: _____

_____

_____

_____

_____

Giesen & Co. OHG

Herstellung von Kleingeräten für Schulungsbedarf

Giesen und Co OHG, Quarzstr. 98, 51371 Leverkusen

Primus GmbH
Büroeinrichtung und Zubehör
Koloniestr. 2-4
47057 Duisburg

Telefon: 0214 766754
Internet: www.giesen.de
E-Mail: info@giesen.de

Datum: 12.10.20..

RECHNUNG

Ihr Auftrag vom:	Kunden-Nr.	Rg.-Nr.	Datum
10.10.20..	53427	210-3332	12.10.20..

Art.-Nr.	Menge	Artikelbezeichnung	Einzelpreis €	Gesamtpreis €
420100	500	Primus Bleistifte 12 Stück	1,38	690,00
420108	340	Primus Textmarker 6 Stück	1,15	402,50
			Zwischens.	1.092,50
			+ 19 % USt	209,58
			Rechnungs-betrag	1.302,08

Lieferung: frei Haus
Rechnung zahlbar netto – sofort

Giesen und Co OHG
USt-ID-Nr.: DE-089765321, Steuernummer: 230/984/9123
Bankverbindung:
SEB Leverkusen, IBAN: DE12370100110674563870 BIC: ESSEDE51372

_____

_____

_____

Information: _____

_____

_____

_____

rechnerisch richtig:

Ja ☐   Nein ☐

Fehler: _____

_____

_____

_____

_____

SEPA-Girokonto	IBAN: DE1235050000360058796		Kontoauszug	175
	BIC: DUISDE33XXX		Blatt	1
Sparkasse Duisburg	UST-ID DE119554671			

Datum	Erläuterungen		Betrag
Kontostand in EUR am 17.10.20.., Auszug Nr. 174			231.900,00+
18.10.20..	Überweisung GIESEN & CO. OHG, LEVERKUSEN KD-NR. 53427 RECHUNGSNR. 210-3332	Wert: 18.10.20..	1.286,28-
18.10.20..	Zahlungseingang HERBERT BLANK e. K., OBERHAUSEN KD-NR. 10170 RECHUNGSNR. 520-349	Wert: 18.10.20..	3.040,45+
Kontostand in EUR am 19.10.20.., 10:04 Uhr			233.654,17+
Ihr Dispositionskredit 80.000,00 EUR			
			Primus GmbH

Belegart: _____

Absender: _____

Adressat: _____

Information: _____

_____

_____

_____

_____

_____

rechnerisch richtig:

Ja ☐   Nein ☐

Fehler: _____

_____

_____

PAUL KONSKI e. K.   Fachgeschäft für Reinigungsmaterial

Paul Konski e. K., Rosenstr. 3, 47055 Duisburg

Primus GmbH
Büroeinrichtung und Zubehör
Koloniestr. 2-4
47057 Duisburg

Telefon: 0203 6653783
E-Mail: p.konski@online.de

Datum: 06.10.20..

RECHNUNG

Ihr Auftrag vom:	Kunden-Nr.	Rg.-Nr.	Datum

Art.-Nr.	Menge	Artikelbezeichnung	Einzelpreis €	Gesamtpreis €
	3	Besen		14,97
	1	Bodenreiniger		7,25
		Gesamt:		22,22

Vielen Dank für Ihren Besuch

Verk. 3	4557-8	Betrag durch Barzahlung erhalten: Konski
		In diesem Betrag sind 19 % Umsatzsteuer = 4,22 enthalten

Belegart: _____

Absender: _____

Adressat: _____

Information: _____

_____

_____

rechnerisch richtig:

Ja ☐   Nein ☐

Fehler: _____

_____

_____

_____

Primus GmbH		**Quittung**	
	Koloniestr. 2-4 47057 Duisburg	€	212 | 50
€ in Worten	zweihundertzwölf		Cent wie oben
von	Udo Müller		
für	Schreibtisch Primo		
Duisburg, 20.10.20..		Betrag dankend in bar erhalten	
Ort/Datum			
Buchungsvermerke		Stempel/Unterschrift des Empfängers Primus Gmbh i. V. Isabell Lapp	

Belegart: _____

Absender: _____

Adressat: _____

Information: _____

_____

_____

Übung 1.4: Eine Bilanz aus dem Inventar ableiten

Schon 14 Tage nach der Inventur kann Frau Lapp, Leiterin der Finanzbuchführung in der Primus GmbH, im Beisein von Nicole Höver Herrn Müller das gewünschte Inventar der Primus GmbH überreichen. Es umfasst 84 Seiten. Nach kurzem Blättern im Inventar sagt Herr Müller: *„Gute Arbeit! Und für den Kreditantrag bei der Sparkasse Duisburg für den Kauf des Unternehmens von Karl Weil brauche ich so schnell wie möglich die Bilanz."*

a) Berechnen Sie die fehlenden Werte im Inventar.

Inventar Primus GmbH zum 31. Dezember 20..		
Art, Menge, Einzelwert		
A. Vermögen		
I. Anlagevermögen		
1. Bebautes Grundstück, Koloniestraße 2–4		125.000,00
2. Gebäude Koloniestraße 2–4		640.000,00
3. Fuhrpark		212.000,00
4. Betriebs- und Geschäftsausstattung		170.500,00
II. Umlaufvermögen		
1. Warenbestand		
1.1. Bürotechnik	310.700,00	
1.2. Büroeinrichtung	305.300,00	
1.3. Verbrauch	18.500,00	
1.4. Organisation	16.200,00	
2. Forderungen aus Lieferungen und Leistungen		
2.1. Stadtverwaltung Duisburg	12.500,00	
2.2. Klöckner Müller Elektronik, Offenbach	6.200,00	
2.3. Krankenhaus GmbH Duisburg	2.500,00	
3. Kassenbestand		5.100,00
4. Bankguthaben bei der Sparkasse Duisburg lt. Kontoauszug		298.700,00
Summe des Vermögens		
B. Schulden		
I. Langfristige Schulden		
Hypothek der Sparkasse Duisburg lt. Kontoauszug und Darlehensvertrag		760.000,00
II. Kurzfristige Schulden		
1. Verbindlichkeiten aus Lieferungen und Leistungen		
1.1. Bürodesign GmbH, Köln	358.500,00	
1.2. Flamingowerke, Hamm	15.200,00	
Summe der Schulden		
C. Errechnen des Reinvermögens (Eigenkapital)		
Summe des Vermögens		
Summe der Schulden		
Reinvermögen (Eigenkapital)		

b) Leiten Sie aus dem dargestellten Inventar die Bilanz der Primus GmbH zum 31. Dezember 20.. ab.

Aktiva   **Passiva**

c) Stellen Sie, ohne zunächst in Ihr Lehrbuch zu schauen, die wesentlichen Unterschiede von Inventar und Bilanz in folgender Tabelle gegenüber.

Inventar	Bilanz

Übung 1.5: Aussagen zur Bilanz überprüfen

Prüfen Sie die folgenden Aussagen zur Bilanz und berichtigen Sie die Aussagen.

Aussage	Korrektur
Das Anlagevermögen ist im Unternehmen kurzfristig angelegt.	
Verbindlichkeiten a. LL werden auf der Aktivseite der Bilanz ausgewiesen und bezeichnen Gelder, die das Unternehmen noch bekommen soll bzw. auf die es noch einen Anspruch hat.	

Aussage	Korrektur
In der Bilanz werden Vermögen, Schulden und Eigenkapital untereinander in Staffelform aufgeführt.	
Das Eigenkapital weist das Gesamtvermögen des Unternehmens in der Bilanz aus.	
Auf der Passivseite der Bilanz werden die Formen des Vermögens ausgewiesen, also die „Mittelverwendung".	

Übung 1.6: Wirkung der Geschäftsfälle auf die Bilanz

Bearbeiten Sie die nachfolgenden Geschäftsfälle, indem Sie die vier Leitfragen beantworten.

Geschäftsfälle			Leitfrage 1	Leitfrage 2	Leitfrage 3	Leitfrage 4
			Welche Posten der Bilanz werden durch den Geschäftsfall berührt?	Handelt es sich um Posten der Aktiv- oder der Passivseite der Bilanz?	Erhöht oder vermindert der Geschäftsfall die einzelnen Bilanzposten?	Um welche der vier Bilanzveränderungen handelt es sich?
Geschäftsfall 1		€	Geschäftsausstattung	Aktivposten	Mehrung +1.420,00 €	Aktivtausch
Die Primus GmbH kauft einen neuen Büroschrank und zahlt diesen bar. (Barkauf eines Büroschrankes)	1.420,00		Kasse	Aktivposten	Minderung –1.420,00 €	
Geschäftsfall 2		€				
Die Primus GmbH nimmt ein Darlehen zum Ausgleich einer größeren Liefererrechnung auf.	9.500,00					
Geschäftsfall 3		€				
Die Primus GmbH gleicht die Eingangsrechnung (ER 390) durch eine Banküberweisung (BA 67) aus.	7.400,00					
Geschäftsfall 4		€				
Ein Kunde bezahlt eine fällige Ausgangsrechnung (AR 96) bar in der Verkaufsboutique. (Kunde zahlt bar für AR 96)	490,00					

Geschäftsfälle		Leitfrage 1	Leitfrage 2	Leitfrage 3	Leitfrage 4
		Welche Posten der Bilanz werden durch den Geschäftsfall berührt?	Handelt es sich um Posten der Aktiv- oder der Passivseite der Bilanz?	Erhöht oder vermindert der Geschäftsfall die einzelnen Bilanzposten?	Um welche der vier Bilanzveränderungen handelt es sich?
Geschäftsfall 5	€				
Die Primus GmbH kauft eine neue Kasse. Die Eingangsrechnung (ER 395) ist in 30 Tagen zu begleichen. (Einkauf einer Kasse auf Ziel, ER 395)	2.880,00				
Geschäftsfall 6	€				
Ein Kunde bezahlt die Ausgangsrechnung (AR 101) durch eine Banküberweisung (BA 411) (Kunde zahlt durch Banküberweisung, BA 411 für AR 101).	920,00				
Geschäftsfall 7	€				
Die Primus GmbH überweist eine Rate (BA 413) zur Tilgung eines Darlehens (Tilgung eines Darlehens durch BA 413).	1.000,00				
Geschäftsfall 8	€				
Die Primus GmbH verkauft einen gebrauchten Schreibtisch bar. (Barverkauf eines gebrauchten Schreibtischs)	220,00				
Geschäftsfall 9	€				
Die Primus GmbH kauft einen neuen Lieferwagen. Die Eingangsrechnung (ER 396) ist in 20 Tagen zu begleichen (Fuhrpark, ER 396 auf Ziel).	20.120,00				
Geschäftsfall 10	€				
Ein Großkunde begleicht eine Rechnung über 5 Stühle (AR 102) per Banküberweisung (BA 414).	1.450,00				

Übung 1.7: Buchung der Wertveränderungen auf Bestandskonten

Eröffnen Sie die Bestandskonten und buchen Sie die Geschäftsfälle aus der Übung 1.6. Achten Sie bereits hier auf eine wichtige Buchungsregel. Jeder Geschäftsfall löst je eine Buchung auf der Sollseite eines Kontos sowie auf der Habenseite eines anderen Kontos aus. Buchen Sie immer erst auf der Sollseite, bevor Sie auf der Habenseite die Gegenbuchung vornehmen.

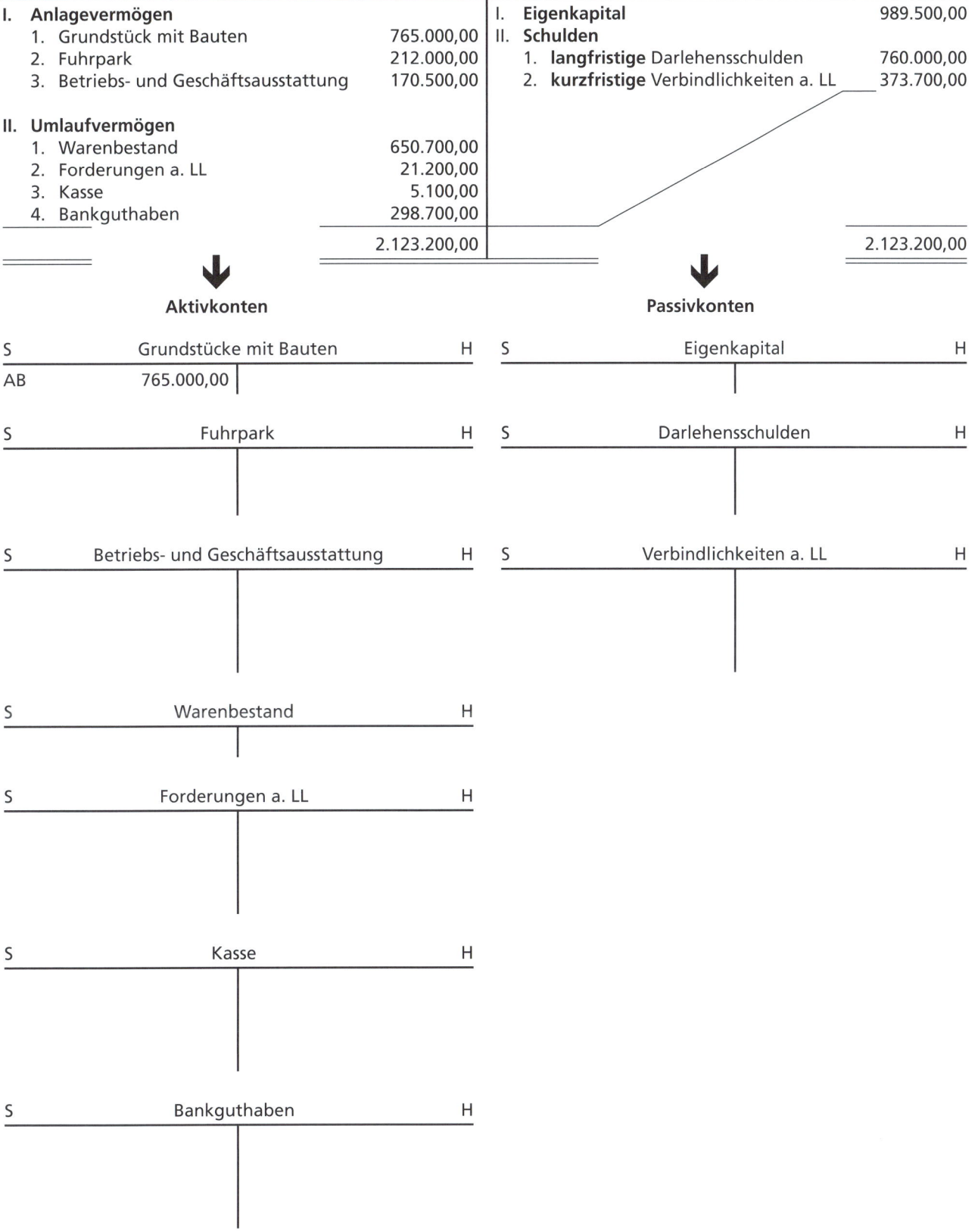

Aktiva	Eröffnungsbilanz Primus GmbH in €		Passiva
I. Anlagevermögen		**I. Eigenkapital**	989.500,00
1. Grundstück mit Bauten	765.000,00	**II. Schulden**	
2. Fuhrpark	212.000,00	1. **langfristige** Darlehensschulden	760.000,00
3. Betriebs- und Geschäftsausstattung	170.500,00	2. **kurzfristige** Verbindlichkeiten a. LL	373.700,00
II. Umlaufvermögen			
1. Warenbestand	650.700,00		
2. Forderungen a. LL	21.200,00		
3. Kasse	5.100,00		
4. Bankguthaben	298.700,00		
	2.123.200,00		2.123.200,00

Aktivkonten   **Passivkonten**

S   Grundstücke mit Bauten   H   S   Eigenkapital   H
AB   765.000,00

S   Fuhrpark   H   S   Darlehensschulden   H

S   Betriebs- und Geschäftsausstattung   H   S   Verbindlichkeiten a. LL   H

S   Warenbestand   H

S   Forderungen a. LL   H

S   Kasse   H

S   Bankguthaben   H

Lernsituation 2: Sie erfassen Belege systematisch im Grund- und Hauptbuch

Nicole Höver arbeitet nun schon seit einiger Zeit in der Buchführung. Das Geschäftsjahr nähert sich dem Ende und die damit einhergehenden Belastungen sind für alle Mitarbeiter des Rechnungswesens spürbar. Als Nicoles Ausbilderin, Frau Lapp, zu Nicole ins Büro kommt, überreicht sie ihr einen ungeordneten Stapel an Belegen.

Frau Lapp: *„Bitte buchen Sie die Geschäftsfälle und schließen Sie die betreffenden Konten ab. Zu Ihrer Hilfe haben Sie hier den Stand der aktuellen Belegnummern (Lfd. Nr. 3601, KA 712, ER 542, BA 452).“*

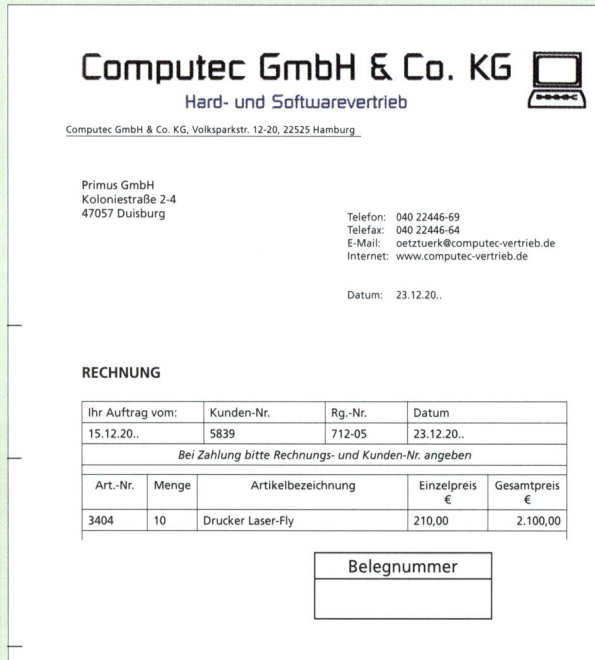

Primus GmbH	**Quittung**	
Koloniestr. 2-4 47057 Duisburg	€	4.400 | 00
€ in Worten	viertausendvierhundert	Cent wie oben
von	LKW-Gebrauchthandel Lindemann	
für	Kleintransporter Fiat F 70	Belegnummer
Duisburg, 17.12.20..		Betrag dankend in bar erhalten
Ort/Datum		
Buchungsvermerke	Stempel/Unterschrift des Empfängers Primus Gmbh i. V. *Isabell Lapp*	

SEPA-Girokonto	IBAN: DE12350500000360058796	Kontoauszug 92
	BIC: DUISDE33XXX	Blatt 1
Sparkasse Duisburg	UST-ID DE119554671	

Datum	Erläuterungen		Betrag
Kontostand in EUR am 22.12.20.., Auszug Nr. 91			232.620,00+
24.12.20..	Überweisung LKW-HANDEL JOOST e. K. AUFTRAGNUMMER 456-112 RECHNUNGSDATUM 19.12.20..	Wert: 24.12.20..	40.000,00-
		Belegnummer	
Kontostand in EUR am 24.12.20.., 9:45 Uhr			192.620,00+
Ihr Dispositionskredit 80.000,00 EUR			
			Primus GmbH

Abels, Wirtz & Co. KG

Abels, Wirtz & Co. KG, Industriestraße 124, 42653 Solingen

Primus GmbH
Koloniestr. 2-4
47057 Duisburg

Telefon: 0212 72114
Telefax: 0212 72119
Internet: www.abels-wirtz.de
E-Mail: info@abels-wirtz.de

Datum: 20.12.20..

Lieferschein

Ihr Auftrag vom:	Kunden-Nr.	Rg.-Nr.	Datum
	928454	873	20.12.20..

Art.-Nr.	Menge	Artikelbezeichnung	Einzelpreis €
100201	1 000	Schloss Primo	9,65
100345	700	Scharnier Classic	10,90
100428	500	Beschläge Admiral	5,85

Belegnummer

Beschreibung und Analyse der Situation

Begeben Sie sich in eine Vierergruppe und sammeln Sie in Stichworten mögliche Aufgaben und Arbeitsschritte des Rechnungswesens, die im Zusammenhang mit den vorliegenden Belegen anfallen.

Mögliche Überlegungen:

_____

_____

_____

_____

_____

_____

_____

_____

_____

Planen und Durchführen I

Planen Sie die einzelnen Arbeitsschritte zur ordnungsgemäßen Erfassung der abgebildeten Belege und stellen Sie diese in einem Ablaufschema dar.

Ablaufschema zur Bearbeitung von Belegen

1. Schritt

_____

2. Schritt

_____

3. Schritt

_____

4. Schritt

_____

5. Schritt

_____

6. Schritt

_____

Bewerten I

- Übertragen Sie Ihren Ablaufplan auf ein Plakat und stellen Sie ihn in Ihrer Klasse vor.
- Klären Sie in einem Klassengespräch, welcher Ablaufplan für das Erfassen und Buchen der Belege am sinnvollsten erscheint.

Lernergebnisse sichern I

Ergänzen Sie Ihren bisherigen Ablaufplan in Ihrem Arbeitsheft und passen Sie ihn ggf. an.

Durchführen II

Führen Sie Ihre Planungen aus und buchen Sie die vorliegenden Belege. Verwenden Sie dazu die folgenden Vorlagen. Benennen Sie Ihre jeweiligen Arbeitsschritte.

Arbeitsschritt: _____

Primus GmbH | **Quittung**

Koloniestr. 2-4
47057 Duisburg

€ 180 | 00

| € in Worten | einhundertachtzig | Cent wie oben |

| von | Julia Cloos |

Belegnummer

| für | Regal – gebraucht |

Duisburg, 20.12.20.. | Betrag dankend in bar erhalten

Ort/Datum

Buchungsvermerke | Stempel/Unterschrift des Empfängers
Primus Gmbh
i. V. *Isabell Lapp*

Belegnummer

_____

Konto	**Soll**	**Haben**
_____	_____	_____
_____		_____

gebucht: _____

SEPA-Girokonto | IBAN: DE12350500000360058796 | **Kontoauszug** | **90**
| BIC: DUISDE33XXX | **Blatt** | **1**
Sparkasse Duisburg | UST-ID DE119554671

Datum	Erläuterungen	Betrag
Kontostand in EUR am 16.12.20.., Auszug Nr. 89		226.100,00+
21.12.20.. Bareinzahlung KASSENEINNAHMEN BÜRODESIGN GMBH	Wert: 21.12.20..	5.000,00+
Kontostand in EUR am 21.12.20.., 10:38 Uhr		231.100,00+
Ihr Dispositionskredit 80.000,00 EUR		**Primus GmbH**

Belegnummer

Belegnummer

_____

Konto	**Soll**	**Haben**
_____		_____

gebucht: _____

Computec GmbH & Co. KG
Hard- und Softwarevertrieb

Computec GmbH & Co. KG, Volksparkstr. 12-20, 22525 Hamburg

Primus GmbH
Koloniestraße 2-4
47057 Duisburg

Telefon: 040 22446-69
Telefax: 040 22446-64
E-Mail: oetztuerk@computec-vertrieb.de
Internet: www.computec-vertrieb.de

Datum: 23.12.20..

RECHNUNG

Ihr Auftrag vom:	Kunden-Nr.	Rg.-Nr.	Datum
15.12.20..	5839	712-05	23.12.20..

Bei Zahlung bitte Rechnungs- und Kunden-Nr. angeben

Art.-Nr.	Menge	Artikelbezeichnung	Einzelpreis €	Gesamtpreis €
3404	10	Drucker Laser-Fly	210,00	2.100,00

Belegnummer

Belegnummer

_____

Konto	**Soll**	**Haben**
_____	_____	_____
_____		

gebucht: _____

Lkw-Handel

LKW-Handel Andreas JOOST e. K. · Falkstraße 82 · 47058 Duisburg

Primus GmbH
Koloniestr. 2-4
47057 Duisburg

Telefon: 0203 298372
Telefax: 0203 298379
E-Mail: info@lkw-handel-joost.de

Datum: 19.12.20..

RECHNUNG

Ihr Auftrag vom:	Kunden-Nr.	Rg.-Nr.	Datum
02.11.20..	32788	789	19.12.20..

Amtl. Kennz.	Typ/Modell	Fahrzeug-Ident-Nr.	Zulassungstag	Annahmetag	km-Stand
DU-ME-700	MB-102	3912–1295–32	21.12.20..	–	512

| 1 LKW 7,5 Tonnen, MB 102 | | | | | 40.000,00 € |

Belegnummer

Belegnummer

_____

Konto	**Soll**	**Haben**
_____	_____	_____
_____		_____

gebucht: _____

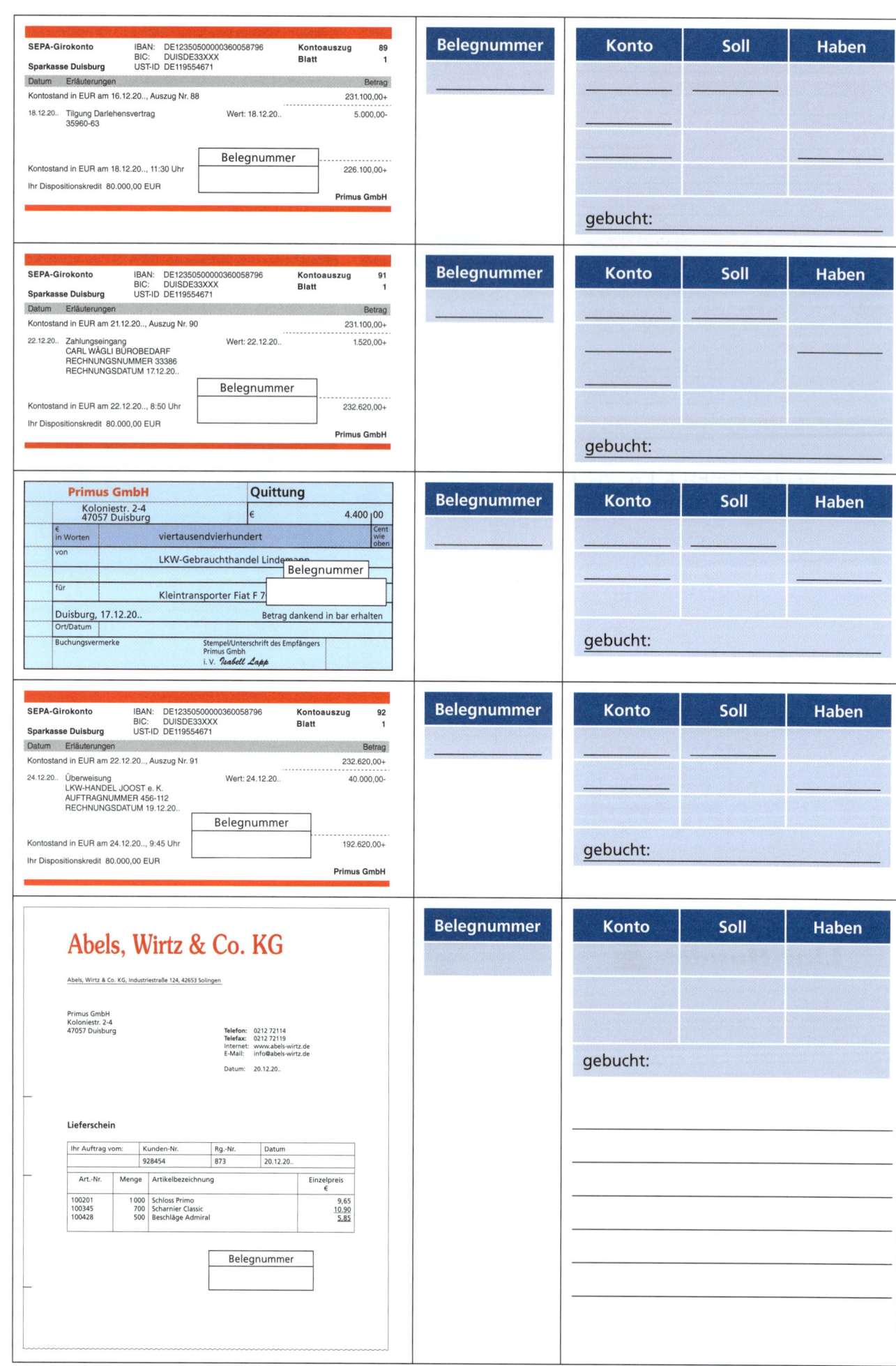

Arbeitsschritt:

Primus GmbH					
Grundbuch				Seite 351	
Lfd. Nr.	Buchungsdatum	Beleg	Buchungssatz	Soll in €	Haben in €
3601					
3602					
3603					
3604					
3605					
3606					
3607					
3608					

Arbeitsschritt:

S	Grundstücke mit Bauten	H	S	Eigenkapital	H
AB	765.000,00			AB	950.200,00

S	Fuhrpark	H	S	Darlehensschulden	H
AB	200.000,00			AB	690.000,00

S	Geschäftsausstattung	H	S	Verbindlichkeiten a. LL	H
AB	175.000,00			AB	380.000,00

S	Warenbestand	H
AB	610.000,00	

S	Forderungen a. LL	H
AB	27.000,00	

S   Kasse   H

AB   12.100,00

S   Bankguthaben   H

AB   231.100,00

Arbeitsschritt: _____

Soll   **Schlussbilanzkonto**   **Haben**

Bewerten II

Vergleichen Sie Ihre Ergebnisse zunächst mit denen Ihrer Sitznachbarin/Ihres Sitznachbarn, bevor Sie die Ergebnisse in der Klasse besprechen.

Lernergebnisse sichern II

Denken Sie über Ihren zurückliegenden Arbeitsprozess nach und verfassen Sie in Fließtext eine Arbeitsanweisung zum ordnungsgemäßen Buchen von Geschäftsfällen für eine neue Kollegin/einen neuen Kollegen.

_____

_____

_____

_____

_____

_____

_____

_____

_____

_____

_____

_____

_____

Übung 2.1:   Vom Kontenrahmen zum Kontenplan

Die Primus GmbH benötigt zur Erfassung der Geschäftsfälle folgende Bestandskonten:

Rohstoffe, Maschinen, Unbebaute Grundstücke, Kasse, Eigenkapital, Verbindlichkeiten a. LL., Bebautes Grundstück: Verwaltungsgebäude, Unfertige Erzeugnisse, Fuhrpark, Forderungen a. LL, Fertige Erzeugnisse, Betriebs- und Geschäftsausstattung, Hilfsstoffe, Werkzeuge, Langfristige Bankverbindlichkeiten, Bank, Betriebsstoffe, Bebautes Grundstück: Betriebsgebäude, Büromaschinen und Organisationsmittel, Vorprodukte/Fremdbauteile, Waren (Handelswaren).

Arbeiten Sie mit dem Kontenrahmen im Anhang Ihres Lehrbuches und stellen Sie die Konten mit Kontennummern auszugsweise in einem Kontenplan zusammen.

Kontenplan		
Kontenklasse	**Konten-nummer**	**Kontenbezeichnung**
0: Immaterielle Vermögens-gegenstände und Sachanlagen	_____ _____ _____ _____ _____ _____ _____ _____	_____ _____ _____ _____ _____ _____ _____ _____
2: Umlaufvermögen und aktive Rechnungsabgrenzung	_____ _____ _____ _____ _____ _____ _____ _____	_____ _____ _____ _____ _____ _____ _____ _____

Kontenplan		
Kontenklasse	Konten-nummer	Kontenbezeichnung
3: Eigenkapital und Rückstellungen	_____ _____	_____ _____
4: Verbindlichkeiten und Rech-nungsabgrenzung (passiv)	_____ _____ _____	_____ _____ _____

Übung 2.2: Zusammengesetzte Buchungssätze

Bilden Sie die Buchungssätze zu den folgenden Geschäftsfällen.

	€
1. Kunde gleicht Rechnung aus	
durch Banküberweisung	740,00
durch Barzahlung	820,00
2. Kauf eines Pkw für den Betrieb	
gegen Bankscheck	14.900,00
gegen bar	5.000,00
3. Tilgung eines Bankdarlehens	
durch Banküberweisung	6.000,00
durch Barzahlung	500,00
4. Verkauf einer gebrauchten Maschine	
gegen Barzahlung	200,00
gegen Bankscheck	500,00
auf Ziel	1.300,00
5. Ausgleich einer Liefererrechnung	
durch Banküberweisung	1.900,00
durch Barzahlung	500,00
6. Kauf von Regalen für das Lager	
gegen Barzahlung	1.200,00
gegen Bankscheck	3.800,00

Grundbuch				Seite 1
Lfd. Nr.	Buchungs-datum	Buchungssatz	Soll in €	Haben in €
_____	_____	_____	_____	_____
	_____	_____	_____	_____
_____	_____	_____	_____	_____
	_____	_____	_____	_____
_____	_____	_____	_____	_____
	_____	_____	_____	_____

Grundbuch					Seite 1
___	___	_____	___	___	
	___	_____			
		_____			
		_____			
___	___	_____	___	___	
	___	_____			
		_____			
___	___	_____	___	___	
	___	_____			
		_____			

Übung 2.3: Lern- und Unterrichtscheck 1 – Sie reflektieren Ihre Tätigkeit in der Finanzbuchhaltung

Reflektieren Sie Ihr Lernen und Arbeiten sowie den zurückliegenden Unterricht und tauschen Sie sich anschließend darüber in Ihrer Klasse aus.

Eigener Lernerfolg	Trifft zu	Trifft nicht zu
1. Ich kenne den Zusammenhang zwischen Inventur, Inventar und Bilanz.		
2. Ich kann selbstständig ein Inventar erstellen.		
3. Aus einem Inventar kann ich eine Bilanz ableiten.		
4. Ich kann eine Bilanz entsprechend der Formvorschriften aufstellen.		
5. Ich kann kaufmännische Belege lesen.		
6. Ich weiß, wie mit kaufmännischen Belegen in der Finanzbuchführung zu verfahren ist.		
7. Geschäftsfälle kann ich im Grund- und Hauptbuch erfassen.		
8. Buchungssätze zu bilden fällt mir nicht schwer.		
Lern- und Arbeitsprozess	**Trifft zu**	**Trifft nicht zu**
1. Ich arbeite sauber und akkurat, sodass auch Fremde meine Aufzeichnungen verstehen.		
2. Mit den Partner- und Gruppenarbeitsphasen bin ich zufrieden, weil diese zu guten Arbeitsergebnissen führten.		
3. Ich arbeite konzentriert.		
4. Arbeits- und Lernzeit habe ich gut genutzt.		
Unterricht	**Trifft zu**	**Trifft nicht zu**
1. Die eingesetzten Unterrichtsmaterialien waren ansprechend und hilfreich.		
2. Die Bearbeitungszeit war angemessen.		
3. Mein/-e Lehrer/-in hat mich angemessen unterstützt und betreut.		

Übung 2.4: Erfolgswirksame Geschäftsfälle

Vervollständigen Sie die Tabelle nach folgendem Beispiel:

Geschäftsfall		Welche Konten werden von dem Geschäftsfall betroffen?	Zu welcher Kontenart gehören die Konten?	Buchungstext	Soll	Haben
Geschäftsfall 1 Banküberweisung der Primus GmbH für Versicherungsbeiträge	€ 3.100,00	6900 Versicherungsbeiträge	Aufwandskonto	6900 Versicherungsbeiträge an 2800 Bank	3.100,00	___
		2800 Bank	aktives Bestandskonto		___	3.100,00
Geschäftsfall 2 Tagesumsätze des Primus GmbH Outlet-Stores	€ 31.580,00					
Geschäftsfall 3 Banküberweisung für die Gehälter der Angestellten	€ 21.000,00					
Geschäftsfall 4 Die Primus GmbH bezieht von der Computec GmbH & Co OHG 20 Notebooks für die Verkaufsboutique mit einem Zahlungsziel von 30 Tagen	€ 5.400,00					
Geschäftsfall 5 Die Primus GmbH erhält eine Zinsgutschrift ihrer Bank	€ 1.050,00					
Geschäftsfall 6 Die Primus GmbH überweist die Miete für ihr Außenlager	€ 2.200,00					

Übung 2.5: Eine Lernübersicht erstellen – das System der Bestands- und Erfolgskonten

Bitte vervollständigen Sie, ohne zunächst ins Lehrbuch zu schauen, die Lernübersicht an den gekennzeichneten Stellen. Gehen Sie dann bitte mit Ihrem Sitznachbarn/Ihrer Sitznachbarin zusammen und erläutern Sie einander die Zusammenhänge.

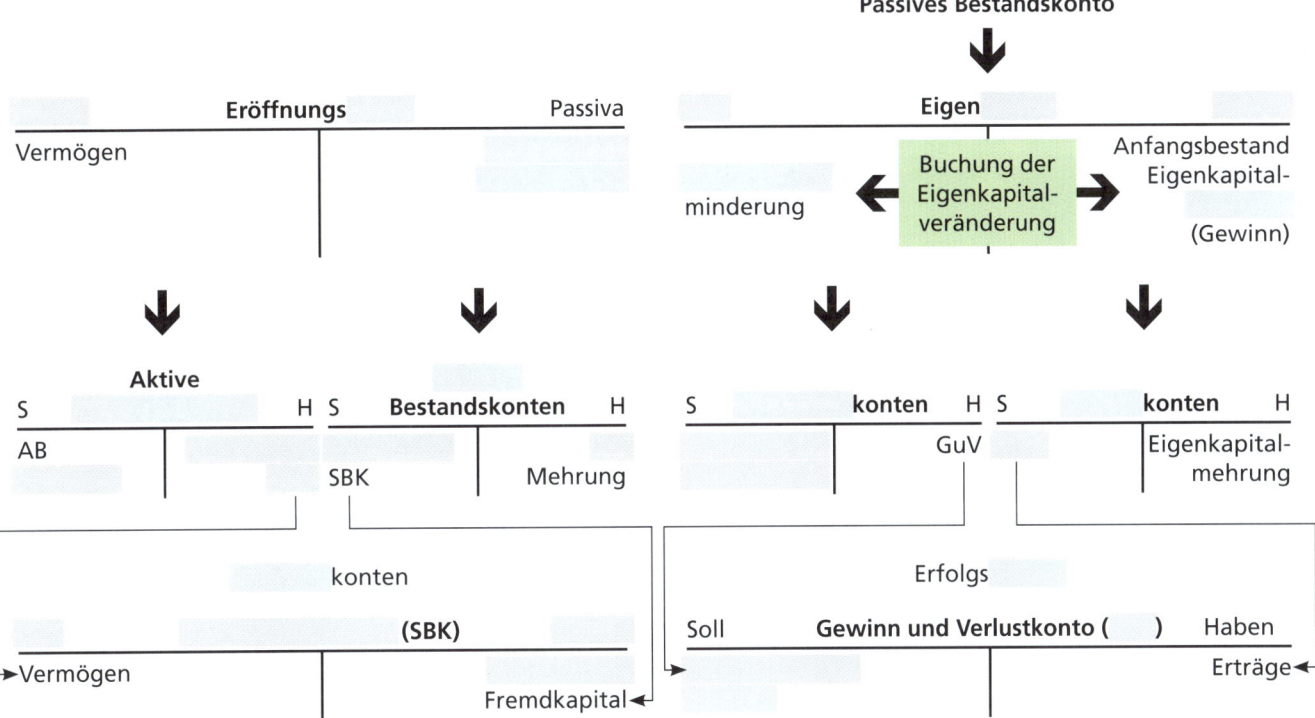

Übung 2.6: Erfolgswirksame Vorgänge erfassen und den Erfolg ermitteln

1 Sichten, prüfen und sortieren Sie die unten abgebildeten Belege nach Datum.

2 Versehen Sie die Belege mit der entsprechenden Belegnummer (Lfd. Nr. 100, KA 40, ER 20, AR 05, BA 30).

3 Kontieren Sie die Belege vor.

4 Erfassen Sie die Belege im Grund- und im Hauptbuch (Anfangsbestände sind vorgegeben).

5 Führen Sie den Abschluss zum 31.03.20.. durch.

Hinweise:
- Einkäufe von Handelswaren werden direkt über das Konto 6080 Aufwendungen für Waren erfasst.
- Aus Vereinfachungsgründen wird an dieser Stelle auf die Berücksichtigung der Umsatzsteuer verzichtet.

Primus GmbH · Koloniestraße 2 – 4 · 47057 Duisburg

Klöckner Müller
Elektronik AG
Taunusring 16-34
63069 Offenbach

Telefon: 0203 4453690
Internet: www.primus-bueroeinrichtung.de
E-Mail: info@primus-bueroeinrichtung.de

Datum: 18.03.20..

RECHNUNG

Ihr Auftrag vom:	Kunden-Nr.	Rg.-Nr.	Datum
16.03. 20..	10120	10199	18.03.20..

Art.-Nr.	Menge	Artikelbezeichnung	Einzelpreis €	Gesamtpreis €
305B094	20	Druckertisch Euratio	150,50	3.010,00
381B814	30	Bürodrehstuhl 1640	214,50	6.435,00
182B238	10	Drehsäule für Ordner	384,50	3.845,00
				13.290,00

Zahlung: 30 Tage netto

> Belegnummer

Bürodesign GmbH · Stolberger Str. 188 · 50933 Köln

Primus GmbH
Büroeinrichtung und Zubehör
Koloniestr. 2-4
47057 Duisburg

Telefon: 0221 6683550
Telefax: 0221 668357
Internet: www. buerodesign-online.de
E-Mail: info@buerodesign.de

Datum: 16.03.20..

RECHNUNG

Ihr Auftrag vom:	Kunden-Nr.	Rg.-Nr.	Datum
28.02.20..	20344	112-04	16.03.20..

Art.-Nr.	Menge	Artikelbezeichnung	Einzelpreis €	Gesamtpreis €
100201	10	Schreibtisch Primo	115,00	1.150,00
100301	6	Schreibtisch Classic	162,33	973,98
100555	2	Ergo-Drehstuhl Sondermodell	163,01	326,02
				2.450,00

Betrag dankend in bar erhalten

> Belegnummer

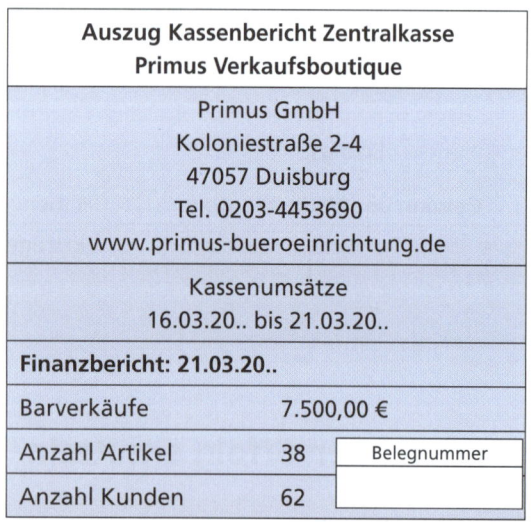

Auszug Kassenbericht Zentralkasse
Primus Verkaufsboutique

Primus GmbH
Koloniestraße 2-4
47057 Duisburg
Tel. 0203-4453690
www.primus-bueroeinrichtung.de

Kassenumsätze
16.03.20.. bis 21.03.20..

Finanzbericht: 21.03.20..

Barverkäufe	7.500,00 €	
Anzahl Artikel	38	Belegnummer
Anzahl Kunden	62	

SEPA-Girokonto   IBAN: DE12350500000360058796   **Kontoauszug 22**
                      BIC: DUISDE33XXX   **Blatt 1**
Sparkasse Duisburg   UST-ID DE119554671

Datum	Erläuterungen		Betrag
	Kontostand in EUR am 13.03.20.., Auszug Nr. 21		30.000,00+
14.03.20..	Überweisungen	Wert: 14.03.20..	
	GEHALT KRAZEK		3.400,00-
	GEHALT WESSELING		2.600,00-
	GEHALT JUNG		2.700,00-
	Kontostand in EUR am 14.03.20.., 9:50 Uhr		21.300,00+
	Ihr Dispositionskredit 80.000,00 EUR		

> Belegnummer

Primus GmbH

SEPA-Girokonto   IBAN: DE12350500000360058796   **Kontoauszug 23**
                      BIC: DUISDE33XXX   **Blatt 1**
Sparkasse Duisburg   UST-ID DE119554671

Datum	Erläuterungen		Betrag
	Kontostand in EUR am 14.03.20.., Auszug Nr. 21		21.300,00+
22.03.20..	Bareinzahlung	Wert: 22.03.20..	
	KASSENEINNAHMEN		7.000,00+
	PRIMUS VERKAUFSBOUTIQUE		
	Kontostand in EUR am 22.03.20.., 9:34 Uhr		28.300,00+
	Ihr Dispositionskredit 80.000,00 EUR		

> Belegnummer

Primus GmbH

Deutsche Post AG
57508 Duisburg
Kepplerstraße 1   19. März 20..

84,00 EUR

Postwertzeichen ohne Zuschlag

> Belegnummer

Vielen Dank für Ihren Besuch
Ihre Deutsche Post AG

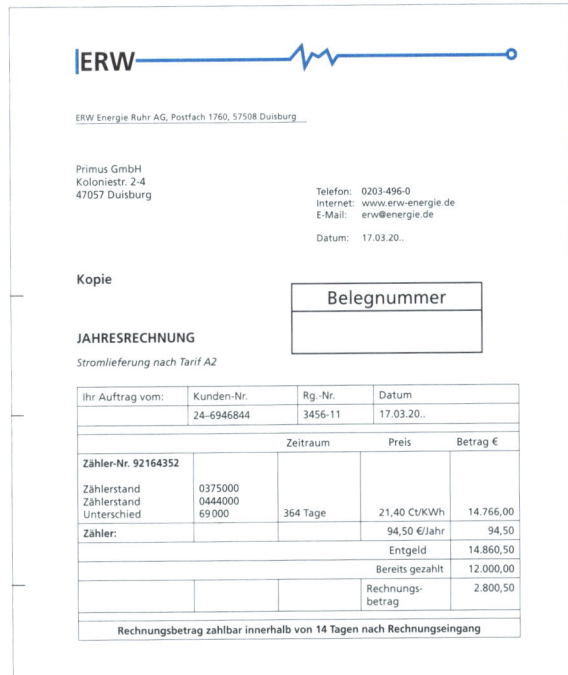

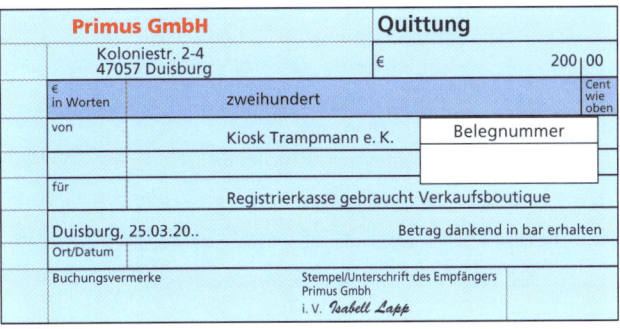

Übertragung der Belegnummer und Vorkontierung der Belege:

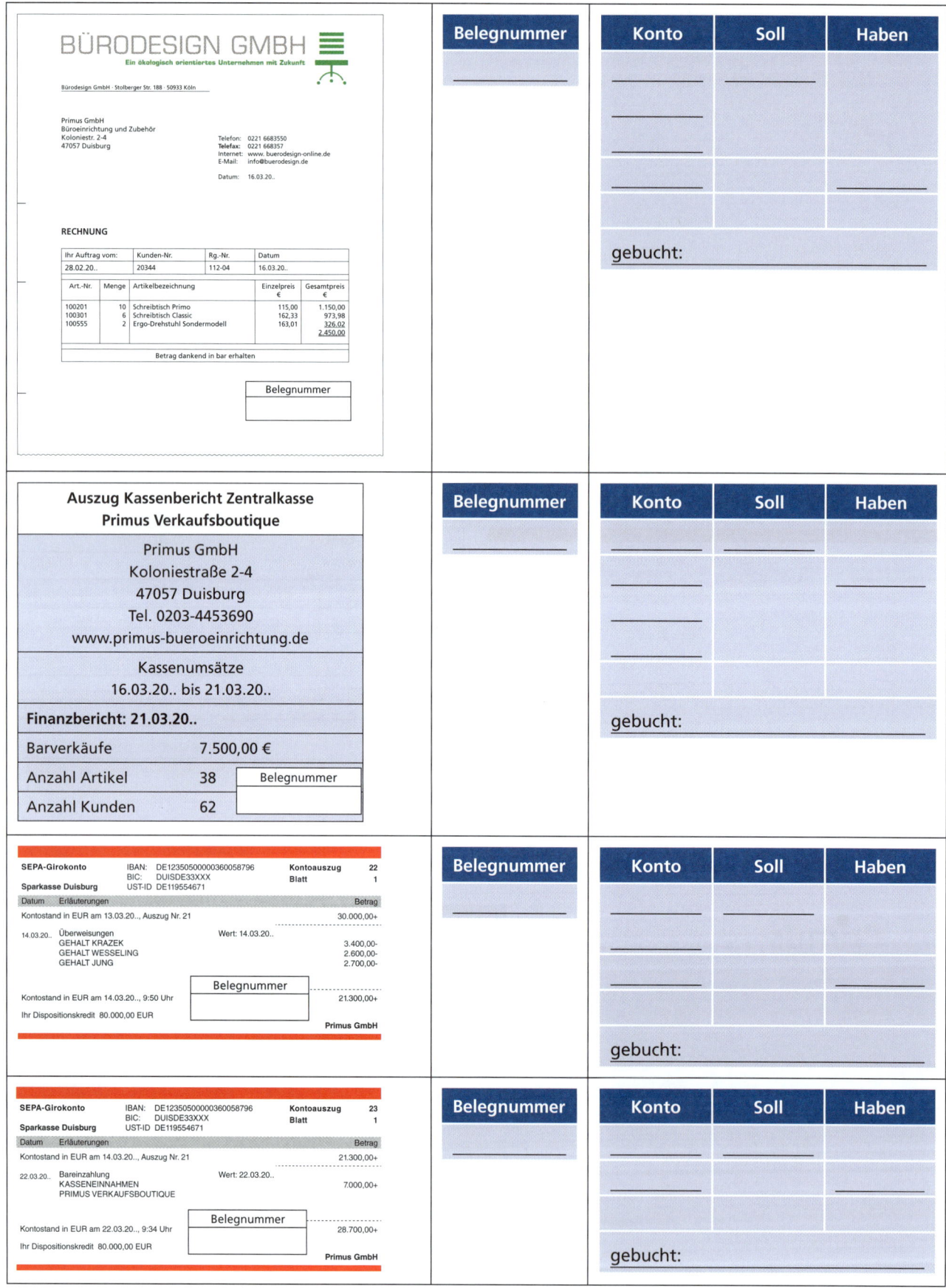

Beleg 1 – Bürodesign GmbH Rechnung

BÜRODESIGN GMBH
Ein ökologisch orientiertes Unternehmen mit Zukunft

Bürodesign GmbH · Stolberger Str. 188 · 50933 Köln

Primus GmbH
Büroeinrichtung und Zubehör
Koloniestr. 2-4
47057 Duisburg

Telefon: 0221 6683550
Telefax: 0221 668357
Internet: www. buerodesign-online.de
E-Mail: info@buerodesign.de

Datum: 16.03.20..

RECHNUNG

Ihr Auftrag vom:	Kunden-Nr.	Rg.-Nr.	Datum
28.02.20..	20344	112-04	16.03.20..

Art.-Nr.	Menge	Artikelbezeichnung	Einzelpreis €	Gesamtpreis €
100201	10	Schreibtisch Primo	115,00	1.150,00
100301	6	Schreibtisch Classic	162,33	973,98
100555	2	Ergo-Drehstuhl Sondermodell	163,01	326,02
				2.450,00

Betrag dankend in bar erhalten

Belegnummer

Belegnummer
_____

Konto	Soll	Haben

gebucht: _____

Beleg 2 – Auszug Kassenbericht Zentralkasse

**Auszug Kassenbericht Zentralkasse
Primus Verkaufsboutique**

Primus GmbH
Koloniestraße 2-4
47057 Duisburg
Tel. 0203-4453690
www.primus-bueroeinrichtung.de

Kassenumsätze
16.03.20.. bis 21.03.20..

Finanzbericht: 21.03.20..

Barverkäufe 7.500,00 €

Anzahl Artikel 38

Anzahl Kunden 62

Belegnummer

Belegnummer
_____

Konto	Soll	Haben

gebucht: _____

Beleg 3 – Kontoauszug 22

SEPA-Girokonto
Sparkasse Duisburg
IBAN: DE12350500000360058796
BIC: DUISDE33XXX
UST-ID DE119554671
Kontoauszug 22
Blatt 1

Datum	Erläuterungen	Betrag
	Kontostand in EUR am 13.03.20.., Auszug Nr. 21	30.000,00+
14.03.20..	Überweisungen Wert: 14.03.20..	
	GEHALT KRAZEK	3.400,00-
	GEHALT WESSELING	2.600,00-
	GEHALT JUNG	2.700,00-
	Kontostand in EUR am 14.03.20.., 9:50 Uhr	21.300,00+
	Ihr Dispositionskredit 80.000,00 EUR	

Belegnummer

Primus GmbH

Belegnummer
_____

Konto	Soll	Haben

gebucht: _____

Beleg 4 – Kontoauszug 23

SEPA-Girokonto
Sparkasse Duisburg
IBAN: DE12350500000360058796
BIC: DUISDE33XXX
UST-ID DE119554671
Kontoauszug 23
Blatt 1

Datum	Erläuterungen	Betrag
	Kontostand in EUR am 14.03.20.., Auszug Nr. 21	21.300,00+
22.03.20..	Bareinzahlung Wert: 22.03.20..	
	KASSENEINNAHMEN PRIMUS VERKAUFSBOUTIQUE	7.000,00+
	Kontostand in EUR am 22.03.20.., 9:34 Uhr	28.700,00+
	Ihr Dispositionskredit 80.000,00 EUR	

Belegnummer

Primus GmbH

Belegnummer
_____

Konto	Soll	Haben

gebucht: _____

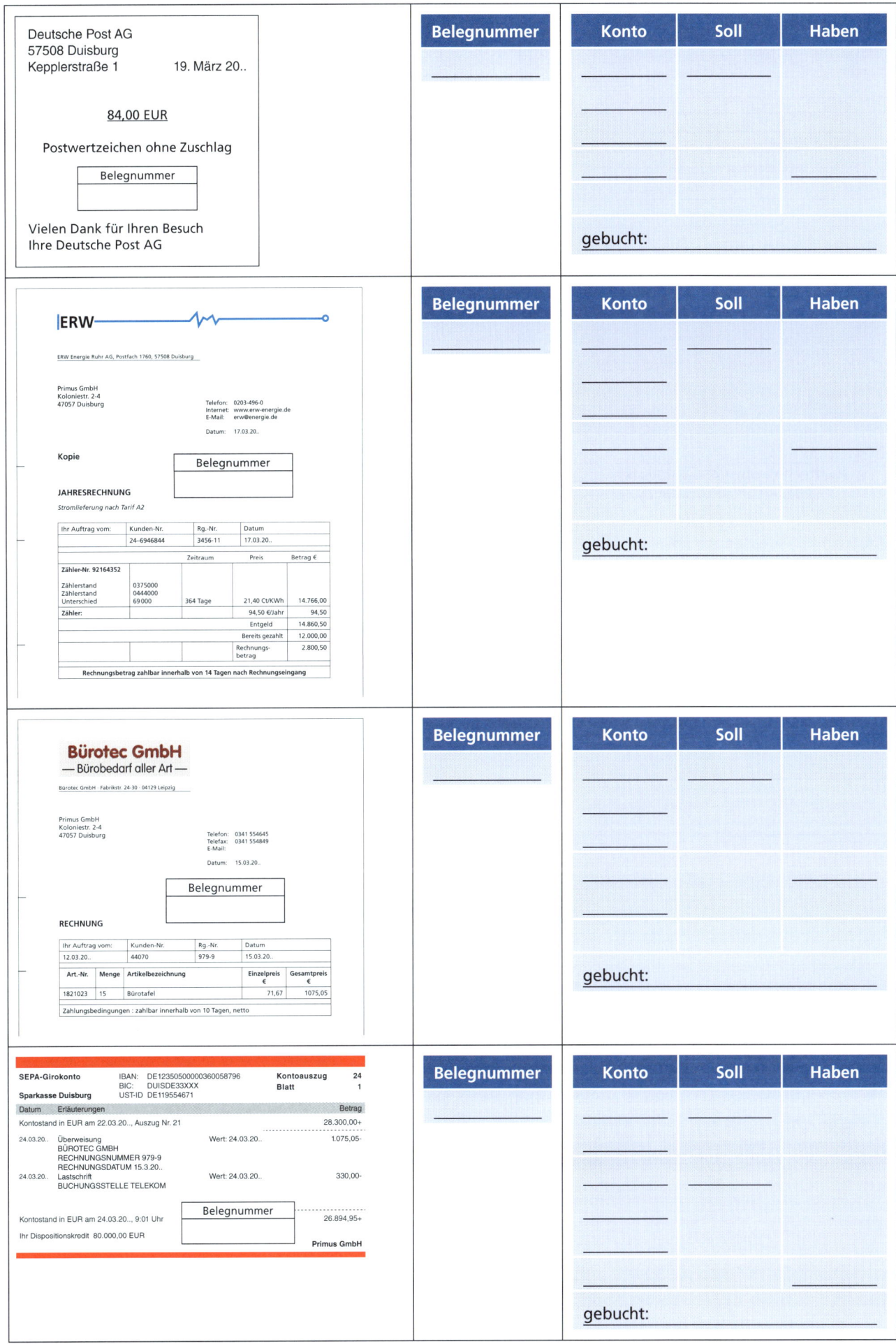

Primus GmbH	Quittung	
Koloniestr. 2-4 47057 Duisburg	€	200	00

	Primus GmbH		
in Worten	zweihundert		Cent win
von	Kiosk Trampmann e. K.		
für	Registrierkasse gebraucht Verkaufsboutique		
Duisburg, 25.03.20..		Betrag dankend in bar erhalten
Ort/Datum		
Buchungsvermerke	Stempel/Unterschrift des Empfängers Primus Gmbh i. V. *Isabell Lapp*	

Belegnummer

_____

Konto	Soll	Haben
_____	_____	_____
_____	_____	_____

gebucht: _____

Primus GmbH					
Grundbuch				**Seite 120**	
Lfd. Nr.	**Buchungs-datum**	**Beleg**	**Buchungssatz**	**Soll in €**	**Haben in €**
1	_____	_____	_____	_____	_____
2	_____	_____	_____	_____	_____
3	_____	_____	_____	_____	_____
4	_____	_____	_____	_____	_____
5	_____	_____	_____	_____	_____
6	_____	_____	_____	_____	_____
7	_____	_____	_____	_____	_____
8	_____	_____	_____	_____	_____
9	_____	_____	_____	_____	_____
10	_____	_____	_____	_____	_____
Abschluss der Erfolgskonten					
11	_____	_____	_____	_____	_____
12	_____	_____	_____	_____	_____

Primus GmbH						
Grundbuch					**Seite 120**	
Lfd. Nr.	Buchungs-datum	Beleg	Buchungssatz		Soll in €	Haben in €
13	_____	_____	_____	_____	_____	_____
			_____			
14	_____	_____	_____	_____	_____	_____
			_____			
15	_____	_____	_____	_____	_____	_____
			_____			
Abschluss des Gewinn- und Verlustkontos						
16	_____	_____	_____	_____	_____	_____
			_____			
Abschluss Bestandskonten						
17	_____	_____	_____	_____	_____	_____
			_____			
18	_____	_____	_____	_____	_____	_____
19	_____	_____	_____	_____	_____	_____
20	_____	_____	_____	_____	_____	_____
21	_____	_____	_____	_____	_____	_____
			_____			
22	_____	_____	_____	_____	_____	_____
			_____			

Bestandskonten

S	0800 Betriebs- und Geschäftsausstattung	H		S	2880 Kasse	H
AB	80.000,00			AB	3.000,00	

S	2400 Forderungen a. LL	H		S	4400 Verbindlichkeiten a. LL	H
AB	10.000,00				AB	40.000,00

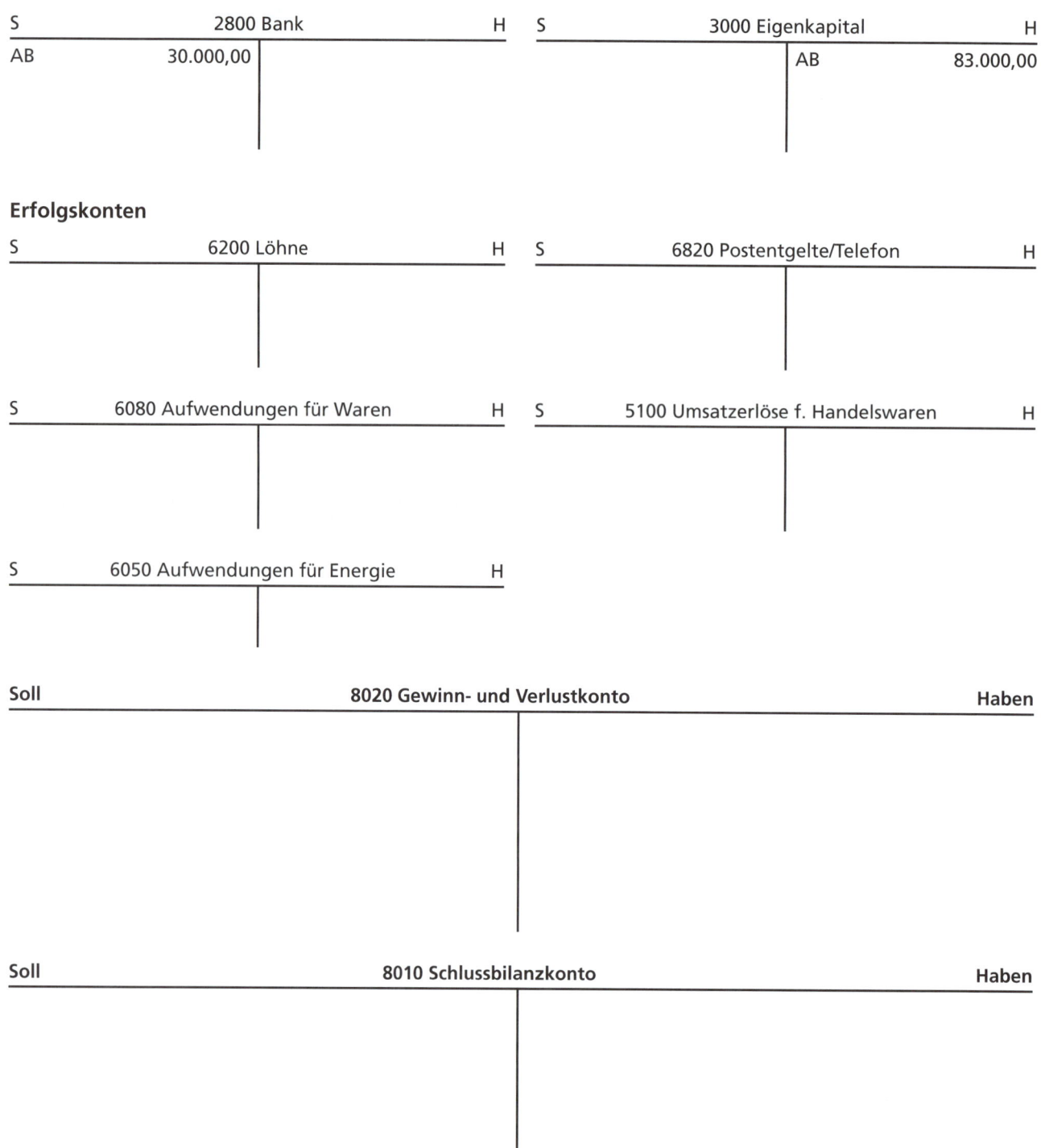

S	2800 Bank	H
AB	30.000,00	

S	3000 Eigenkapital	H
		AB	83.000,00

Erfolgskonten

S	6200 Löhne	H

S	6820 Postentgelte/Telefon	H

S	6080 Aufwendungen für Waren	H

S	5100 Umsatzerlöse f. Handelswaren	H

S	6050 Aufwendungen für Energie	H

Soll	8020 Gewinn- und Verlustkonto	Haben

Soll	8010 Schlussbilanzkonto	Haben

Übung 2.7: Die Umsatzsteuer

Vervollständigen Sie den Sachtext zur Umsatzsteuer, indem Sie die aufgeführten Begriffe in die Textlücken einsetzen. Schauen Sie sich anschließend in Ihrer Klasse um, wer mit diesem Arbeitsschritt fertig ist, und finden Sie sich zu Paaren zusammen. Erklären Sie sich gegenseitig in eigenen Worten den Inhalt des Sachtextes (ohne in den Text zu schauen).

> Herstellung – 19 % – Bemessungsgrundlage – Stufe – Endverbraucher – 7 % – Einzelhandel – Zahllast – Umsatzsteuersatzes – USt – Umsatzsteuergesetz – keine – Bruttopreisen – gesondert – Rohstoffgewinnung – Vorsteuer – Wertschöpfungsprozesses – 100 € – Finanzamt – Aufwand – Verbindlichkeit – Umsatzsteuervoranmeldung – Mehrwert

Viele zum Verkauf angebotenen Waren legen einen langen Weg zurück: von der _____ _____ über den Betrieb der _____, die Weiterverarbeitung sowie den Groß- und _____ bis zum Endverbraucher. Auf jeder _____ dieses Warenwegs wird „mehr Wert" geschaffen. Dieser _____ ergibt sich aus der Wertschöpfung, welche die ein-gekauften Vorleistungen übersteigt. Die so geschaffenen Mehrwerte einer jeden Stufe des _____ _____ werden vom Staat mit der Umsatzsteuer (Abkürzung _____) besteuert, deren Grundlage das _____ (UStG) ist. Die Umsatzsteuer ist in den _____ _____ enthalten. Die Nettobeträge der Lieferungen oder sonstigen Leistungen beinhalten _____ _____ Umsatzsteuer und sind die _____ für die Errechnung des Mehrwert-steuerbetrags. In seinen Rechnungen muss jedes Unternehmen die Umsatzsteuer _____ ausweisen. Ausnahme: Kleinbetragsrechnungen bis _____. Hier reicht die Angabe des _____ _____. Der allgemeine Umsatzsteuersatz beträgt _____, der ermäßigte, z.B. für Lebensmittel und Bücher, _____. Die in den Eingangsrechnungen ausgewiesene Umsatzsteuer nennt man _____ _____. Sie ist eine Forderung an das _____. Die in den Ausgangsrechnungen aus-gewiesene Umsatzsteuer ist eine _____ gegenüber dem Finanzamt. Die Umsatzsteu-erschuld (_____) ist mit einer _____ für den laufenden Monat bis zum 10. des Folgemonats an das Finanzamt abzuführen. Für das Unternehmen ist die Umsatz-steuer kein _____, sondern ein sogenannter „durchlaufender Posten". Sie ist erfolgsneutral. Nur der _____ als Käufer tätigt keinen Verkaufsumsatz mehr und ist vom Gesetzgeber letztendlich als Träger der Umsatzsteuer bestimmt.

Übung 2.8:   Stufen des Wertschöpfungsprozesses mit Vorsteuerabzug

Vervollständigen Sie die folgende Tabelle und berechnen Sie die Zahllast der jeweiligen Umsatzstufen, die ein Möbelstück vom Rohstofflieferanten bis zum Endverbraucher durchläuft.

Wirtschaftsstufen	Ausgangsrechnung in EUR		Mehrwert in EUR	Umsatzsteuer in EUR	Vorsteuer in EUR	Zahllast in EUR
I. Rohstofflieferant (Holz)	Nettowarenwert + 19 % USt Rechnungspreis	200,00	200,00	_____	_____	_____
II. Hersteller des Möbelstückes	Nettowarenwert + 19 % USt Rechnungspreis	440,00	_____	_____	_____	_____
III. Möbelgroßhandel	Nettowarenwert + 19 % USt Rechnungspreis	610,00	_____	_____	_____	_____
IV. Einzelhandel	Nettowarenwert + 19 % USt Rechnungspreis	999,00	_____	_____	_____	_____
V. Endverbraucher	--------------------		Summe 839,50	------------	-------→	Summe 159,50

Übung 2.9: Umsatzsteuer ermitteln, abführen und buchen

a) Vervollständigen Sie die vorliegenden Rechnungen in den farblich unterlegten Bereichen.

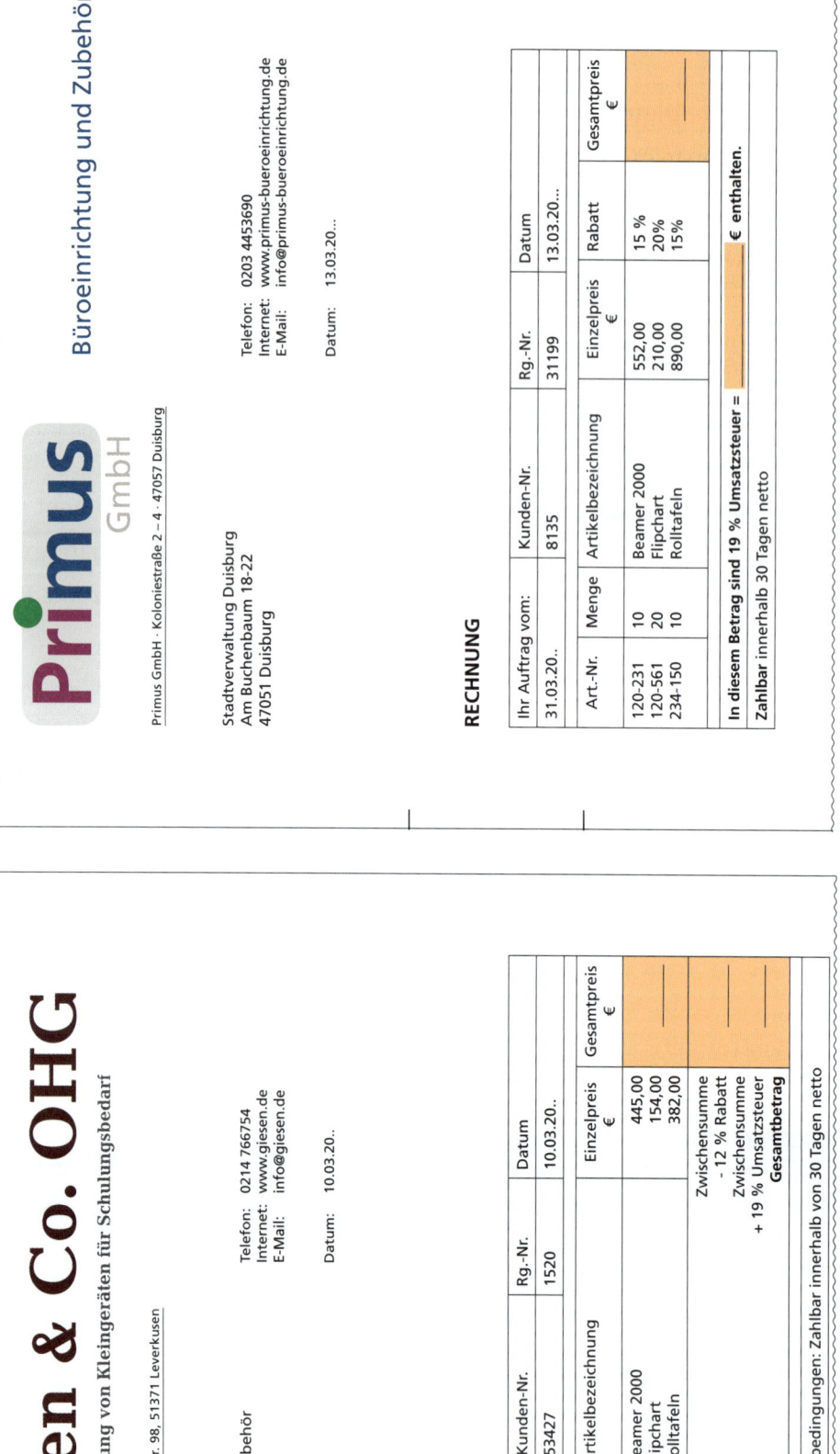

Giesen & Co. OHG

Herstellung von Kleingeräten für Schulungsbedarf

Giesen und Co OHG, Quarzstr. 98, 51371 Leverkusen

Primus GmbH
Büroeinrichtung und Zubehör
Koloniestr. 2-4
47057 Duisburg

Telefon: 0214 766754
Internet: www.giesen.de
E-Mail: info@giesen.de

Datum: 10.03.20...

RECHNUNG

Ihr Auftrag vom:	Kunden-Nr.	Rg.-Nr.	Datum
10.03.20...	53427	1520	10.03.20...

Art.-Nr.	Menge	Artikelbezeichnung	Einzelpreis €	Gesamtpreis €
56211	10	Beamer 2000	445,00	
45921	20	Flipchart	154,00	
56217	10	Rolltafeln	382,00	
			Zwischensumme	
			- 12 % Rabatt	
			Zwischensumme	
			+ 19 % Umsatzsteuer	
			Gesamtbetrag	

Zahlungsbedingungen: Zahlbar innerhalb von 30 Tagen netto

Primus GmbH

Büroeinrichtung und Zubehör

Primus GmbH · Koloniestraße 2 – 4 · 47057 Duisburg

Stadtverwaltung Duisburg
Am Buchenbaum 18-22
47051 Duisburg

Telefon: 0203 4453690
Internet: www.primus-bueroeinrichtung.de
E-Mail: info@primus-bueroeinrichtung.de

Datum: 13.03.20...

RECHNUNG

Ihr Auftrag vom:	Kunden-Nr.	Rg.-Nr.	Datum
31.03.20...	8135	31199	13.03.20...

Art.-Nr.	Menge	Artikelbezeichnung	Einzelpreis €	Rabatt	Gesamtpreis €
120-231	10	Beamer 2000	552,00	15 %	
120-561	20	Flipchart	210,00	20 %	
234-150	10	Rolltafeln	890,00	15 %	

In diesem Betrag sind 19 % Umsatzsteuer = _____ € enthalten.

Zahlbar innerhalb 30 Tagen netto

© Bildungsverlag EINS GmbH

b) Vervollständigen Sie die folgende Darstellung. Berücksichtigen Sie, dass die Giesen & Co OHG für den Auftrag der Primus GmbH bereits 980,00 € Vorsteuer an ihren Lieferanten entrichtet hat.

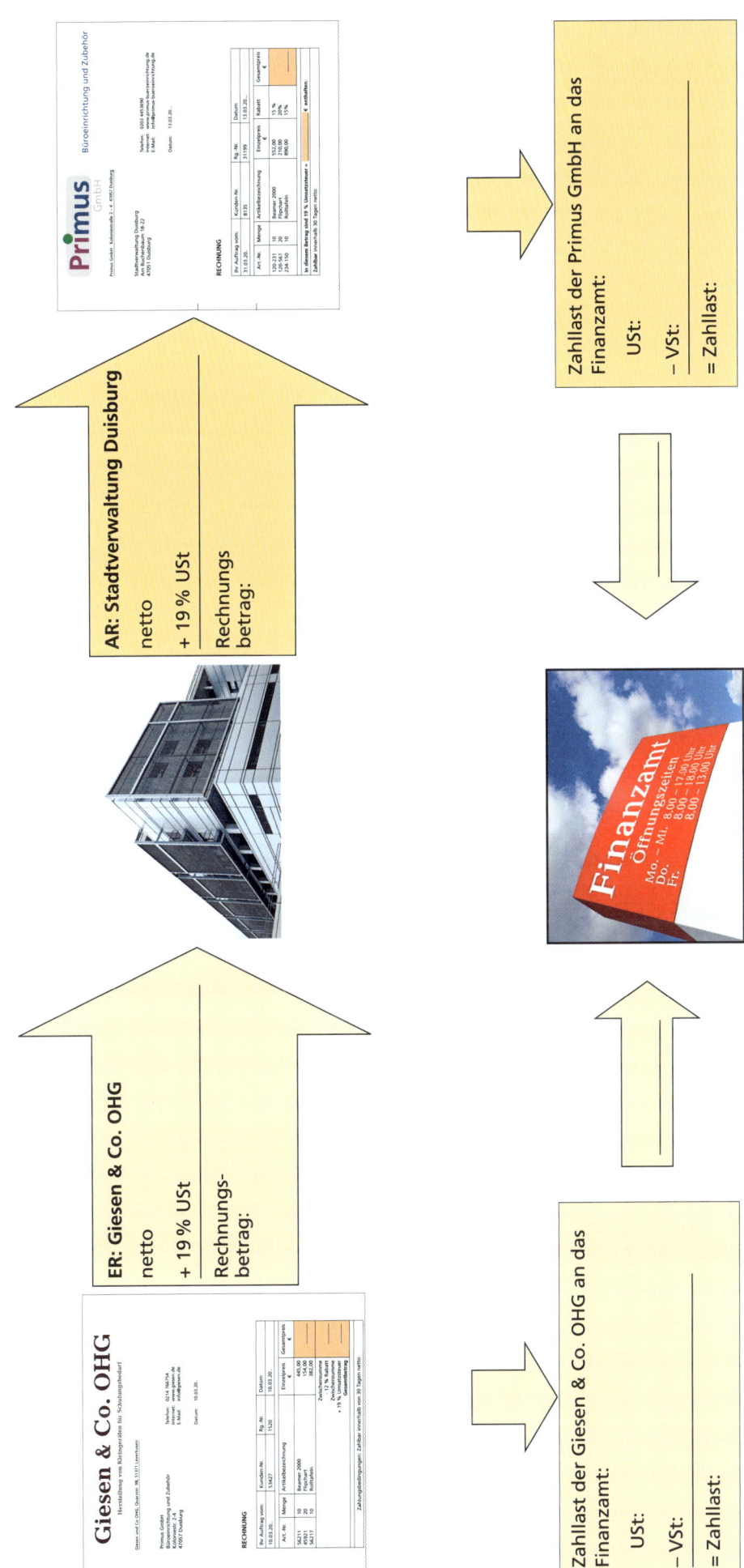

c) Buchen Sie die Eingangs- und Ausgangsrechnung im Grund- und Hauptbuch und ermitteln Sie die Zahllast.

Vorkontierung

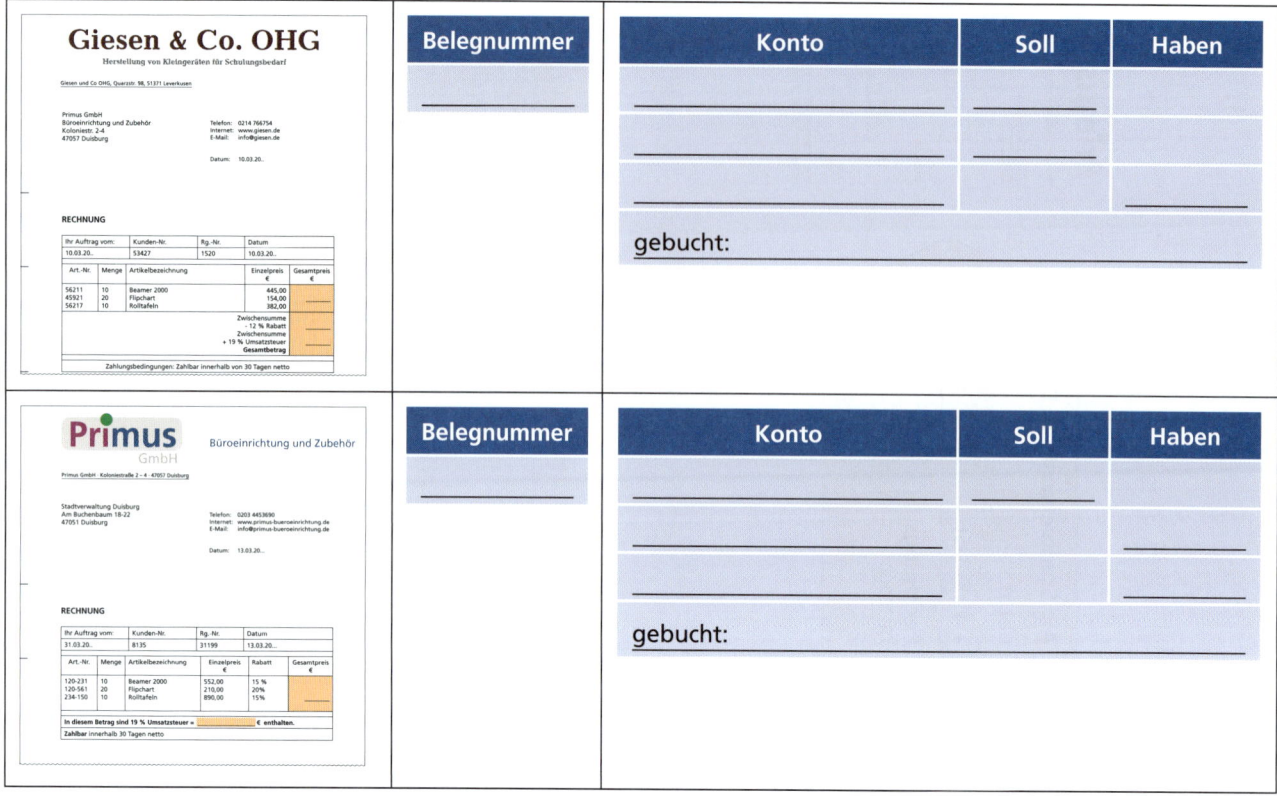

Erfassung im Grundbuch

Primus GmbH					
Grundbuch					**Seite 199**
Lfd. Nr.	**Buchungsdatum**	**Beleg**	**Buchungssatz**	**Soll in €**	**Haben in €**
1	_____	ER 332	_____ _____ _____	_____	_____
2	_____	AR 198	_____ _____ _____		_____
Abschlussbuchungen					
3	_____	–	_____ _____		_____
4	_____	–	_____ _____		_____
5	_____	_____	_____ _____		_____
6	_____	–	_____ _____		_____

Im Hauptbuch auf ausgewählten Konten buchen und die Zahllast ermitteln

S	6080 Aufwendungen für Waren	H	S	5100 Umsatzerlöse für Waren	H

S	2600 VSt	H	S	4800 USt	H

S	2400 Forderungen. a. LL	H	S	4400 Verb. a. LL	H

S	8020 GuV	H	S	2800 Bank	H

Lernsituation 3: Sie berechnen und buchen Liefererskonti und Bezugskosten

Frau Lapp kommt mit einer Hausmitteilung und einer Rechnung zu Nicole.

Frau Lapp: *„Guten Morgen Nicole! Hier habe ich eine Hausmitteilung der Geschäftsleitung, von der du auch in Kenntnis gesetzt werden solltest. Zudem musst du bitte noch die Eingangsrechnung der Bürodesign GmbH buchen."*

Hausmitteilung

An: Frau Lapp – Finanzbuchhaltung   Datum: 25.03.20..

Von: Geschäftsleitung

Sehr geehrte Frau Lapp,

wir weisen Sie noch einmal darauf hin, dass ab sofort alle Rechnungen unter Berücksichtigung von Skontoabzügen zu begleichen sind.

Für den Ausgleich der ER Nr. 399 der Bürodesign GmbH hat uns unsere Hausbank einen kurzfristigen Kredit zu einem Zinssatz von 9,5 % eingeräumt, sodass auch diese Rechnung fristgerecht überwiesen werden kann.

Mit freundlichen Grüßen

Sonja Primus

BÜRODESIGN GMBH

Ein ökologisch orientiertes Unternehmen mit Zukunft

Bürodesign GmbH · Stolberger Str. 188 · 50933 Köln

Primus GmbH
Büroeinrichtung und Zubehör
Koloniestr. 2-4
47057 Duisburg

Telefon:	0221 6683550
Telefax:	0221 668357
Internet:	www. buerodesign-online.de
E-Mail:	info@buerodesign.de

Datum: 16.03.20..

RECHNUNG

Ihr Auftrag vom:	Kunden-Nr.	Rg.-Nr.	Datum
09.03.20..	20344	489	14.04.20..

Art.-Nr.	Menge	Artikelbezeichnung	Einzelpreis €	Gesamtpreis €
100201	100	Schreibtisch Primo	96,59	9.659,00
100301	80	Schreibtisch Classic	136,14	10.891,20
100303	100	Regalelement Classic	58,56	5.856,00

Warenwert €	Messerabatt 5% €	Fracht €	Zwischen-summe €	USt- %	USt- €	Gesamt-betrag €
26.406,20	1.320,31	640,00	25.725,89	19	4.887,92	**30.613,81**

Zahlbar innerhalb von 14 Tagen mit 3 % Skonto oder innerhalb von 30 Tagen netto

Bürodesign GmbH, Geschäftsführung: ...,
USt-ID-Nr.: DE135795883, Steuernummer: 223/845/8844
Bankverbindung:
Sparkasse Köln Bonn, IBAN: DE11370501980085313948   BIC: COLSDE33XXX

Nicole liest die Hausmitteilung und die Rechnung und stutzt.

Nicole: *„Hat das denn Sinn – warum sollen wir das denn nun wieder machen? Wir zahlen 9,5 % Zinsen, bei einem Skontoabzug von 3 %? Außerdem, Fracht und Skonto habe ich noch nie gebucht."*

Frau Lapp (lächelnd): *„Da geh' ich mal von aus, dass sich das Ganze lohnt, wenn du nachrechnest, dann wird dir sehr schnell klar, warum alle Rechnungen unter Berücksichtigung des Skontoabzuges zu begleichen sind. Und das Buchen der Eingangsrechnung wirst du bestimmt auch schaffen – in eurem Schulbuch ist dies eigentlich ganz gut erklärt."*

Ein wenig schmollend macht sich Nicole an die Arbeit.

Beschreibung und Analyse der Situation

Überprüfen Sie die Aussage von Frau Lapp und zeigen Sie, dass sich die Berücksichtigung des Skontos in der vorliegenden Situation für die Primus GmbH lohnt.

Zusätzliche Informationen:

$$\text{Tageszinsen} = \frac{\text{Kapital} * \text{Zinssatz} * \text{Tage}}{100 * 360}$$

$$\text{Zinssatz} = \frac{\text{Skontobetrag} * 100 * 360}{\text{verminderter Betrag} * \text{Kreditdauer}}$$

Berechnen Sie den effektiven Zinssatz des Liefererkredits.

Planen und durchführen

Informieren Sie sich in Einzelarbeit, wie Rabatte, Fracht und Skontoabzug in der Buchführung erfasst werden, und verfassen Sie jeweils eine kurze schriftliche Buchungsanweisung.

Rabatte

Fracht

Skontoabzug

Buchen Sie die Eingangsrechnung im Grundbuch.

● zum Zeitpunkt des Wareneingangs und
● zum Zeitpunkt des Rechnungsausgleichs, unter Berücksichtigung des Skontos.

Vorkontierung

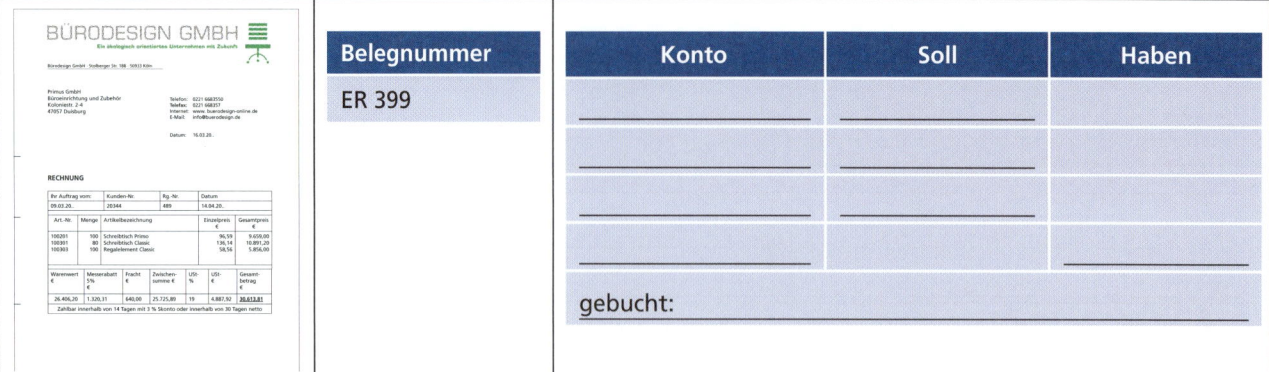

Belegnummer	Konto	Soll	Haben
ER 399			
	gebucht:		

Grundbuch					Seite 211	
Lfd. Nr.	Buchungsdatum	Beleg	Buchungssatz		Soll in €	Haben in €
320		ER 399				
388						

Bewerten

Vergleichen Sie Ihre Ergebnisse zunächst mit Ihrer Sitznachbarin/Ihrem Sitznachbarn, bevor Sie die Ergebnisse in der Klasse besprechen.

Lernergebnisse sichern

Als Nicole die Hausmitteilung las, war ein erster Kommentar von ihr: „Hat das denn Sinn – warum sollen wir das denn nun wieder machen?"

Ergänzen/verändern Sie die von Frau Primus verfasste Hausmitteilung, indem Sie von Beginn an für Transparenz bezüglich der Arbeitsanweisung sorgen und den Mitarbeitern der Finanzbuchführung erklären, warum für alle Rechnungen Skonto zu ziehen ist.

Hausmitteilung

An: Frau Lapp – Finanzbuchhaltung   Datum: 25.04.20..

Von: Geschäftsleitung

Sehr geehrte Kolleginnen und Kollegen der Finanzbuchhaltung,

_____

_____

_____

_____

_____

Für den Ausgleich ...

Mir freundlichen Grüßen,

Sonja Primus

Übung 3.1: Besondere Buchungen im Absatzbereich

Geben Sie die Buchungssätze für die folgenden Geschäftsfälle eines Möbelunternehmens an.

	€	€	€
1. AR 01 vom 3.01.20..: Zielverkauf von 50 Büroroll-containern zu je 120,00 €	6.000,00		
– 5 % Mengenrabatt	– 300,00	5.700,00	
+ 19 % Umsatzsteuer		+ 1.083,00	6.783,00
2. KB 01 vom 3.01.20..: Barzahlung der Fracht, zu AR 01 brutto einschließlich 19 % Umsatzsteuer			178,50
3. ER 01/ BA 01 vom 4.01.20..: Einkauf von Versandkartons auf Ziel, netto		1.240,00	
+ 19 % Umsatzsteuer		+ 235,60	1.475,60
4. AR 02 vom 5.01.20..: An den Kunden des 1. Falls Fracht für die Bürorollcontainer, netto		150,00	
19 % Umsatzsteuer		+ 28,50	178,50
5. AR 03 vom 7.01.20..: Zielverkauf von 90 Schreib-tischen à 110,00 €	9.900,00		
– 10 % Mengenrabatt	– 990,00		
+ Fracht	+ 240,00	9.150,00	
+ 19 % Umsatzsteuer		+ 1.738,50	10.888,50
6. Briefkopie 01 vom 10.01.20..: Gutschrift an einen Kunden (Fall 1) für die Rückgabe von 2 Bürorollcontainern, netto		570,00	
+ 19 % Umsatzsteuer		+ 108,30	678,30
7. BA 02 vom 12.01.20.. Kunde zahlte fällige AR 01 mit einem Verrechnungsscheck		6.783,00	
abzüglich 2 % Skonto		– 135,66	6.647,34

Grundbuch				Seite 199	
Lfd. Nr.	Buchungsdatum	Beleg	Buchungssatz	Soll in €	Haben in €
1	_____	____	_____	_____	_____
			_____		_____
2	_____		_____		
			_____		_____
3	_____	____	_____		
			_____		_____
4	_____		_____		_____
5	_____		_____		_____
			_____		_____
6	_____	____	_____	_____	
			_____		_____
7	_____		_____	_____	
			_____		_____
			_____		_____

Übung 3.2: Besondere Buchungen im Beschaffungs- und Absatzbereich

a) Bearbeiten Sie die Belege mithilfe des Kontenplans und kontieren Sie diese vor.

Beleg 1

Konto	Soll	Haben
_____	_____	_____
_____	_____	_____
_____	_____	
_____	_____	_____

gebucht:

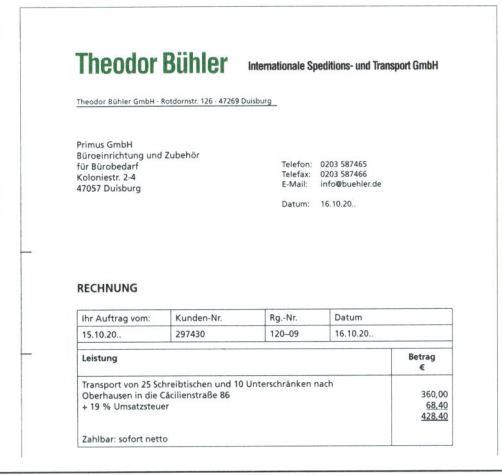

Theodor Bühler Internationale Speditions- und Transport GmbH

Theodor Bühler GmbH · Rotdornstr. 126 · 47269 Duisburg

Primus GmbH
Büroeinrichtung und Zubehör
für Bürobedarf   Telefon: 0203 587465
Koloniestr. 2-4   Telefax: 0203 587466
47057 Duisburg   E-Mail: info@buehler.de

                                   Datum: 16.10.20..

RECHNUNG

Ihr Auftrag vom:	Kunden-Nr.	Rg.-Nr.	Datum
15.10.20..	297430	120–09	16.10.20..

Leistung	Betrag €
Transport von 25 Schreibtischen und 10 Unterschränken nach Oberhausen in die Cäcilienstraße 86	360,00
+ 19 % Umsatzsteuer	68,40
	428,40
Zahlbar: sofort netto	

Beleg 2

Konto	Soll	Haben

gebucht:

Primus GmbH   Büroeinrichtung und Zubehör

Primus GmbH · Koloniestraße 2 – 4 · 47057 Duisburg

Herbert Blank e.K.
Bürofachgeschäft   Telefon: 0203 4453690
Cäcilienstr. 86   Internet: www.primus-bueroeinrichtung.de
46147 Oberhausen   E-Mail: info@primus-bueroeinrichtung.de

                               Datum: 18.10.20..

RECHNUNG

Ihr Auftrag vom:	Kunden-Nr.	Rg.-Nr.	Datum
15.10.20..	10170	23307	18.10.20..

	Gesamtpreis €
Wie vereinbart, stellen wir Ihnen die Zustellung von 25 Schreibtischen und 10 Unterschränken in Ihre Lagerräume in der Cäcilienstraße 86 in Oberhausen in Rechnung.	
Fracht netto	360,00
+ 19 % USt	68,40
	428,40
Zahlbar: sofort netto	

Beleg 3

Konto	Soll	Haben

gebucht:

Primus GmbH   Büroeinrichtung und Zubehör

Primus GmbH · Koloniestraße 2 – 4 · 47057 Duisburg

Herbert Blank e.K.
Bürofachgeschäft   Telefon: 0203 4453690
Cäcilienstr. 86   Internet: www.primus-bueroeinrichtung.de
46147 Oberhausen   E-Mail: info@primus-bueroeinrichtung.de

                               Datum: 20.10.20..

Kopie

Gutschrift Nr. 74

Ihre Beanstandung vom:	Unsere Lieferung vom:	Rg.-Nr.	Datum
17.10.20..	15.10.20..	23302	20.10.20..

Begründung der Gutschrift	Menge	Einzelpreis €	Gesamtpreis €
Aufgrund Ihrer Beanstandung gewähren wir Ihnen wegen geringer Beschädigungen einen Preisnachlass von 10 % für 3 Schreibtische Primo	3	21,25	63,75
	Wert der Gutschrift, netto		63,75
	19 % Umsatzsteuer		12,11
	Wert der Gutschrift		75,86
Um gleichlautende Buchung wird gebeten.		Duisburg, den 20.10.20..	

Beleg 4

Konto	Soll	Haben

gebucht:

SEPA-Girokonto	IBAN: DE12350500000360058796	Kontoauszug 184
	BIC: DUISDE33XXX	Blatt 1
Sparkasse Duisburg	UST-ID DE119554671	

Datum	Erläuterungen	Betrag
Kontostand in EUR am 25.10.20.., Auszug Nr. 183		208.300,00+
26.10.20..	Zahlungseingang	7.905,93+
	HERBERT BLANK e. K KUNDENNUM-MER 10170 RECHNR. 23302 VOM 15.10.20.. ABZÜGLICH GUTSCHRIFT NR 74 UND 2% SKONTO VOM RECHNUNGS-BETRAG, ZUZÜGL. DER RECHNUNG 23207 VOM 18.10.20..	Wert: 24.03.20..
Kontostand in EUR am 24.03.20.., 9:01 Uhr		216.205,93+
Ihr Dispositionskredit 80.000,00 EUR		Primus GmbH

Beleg 5

Konto	Soll	Haben

gebucht:

b) Ermitteln Sie den Nettoumsatz aufgrund der fünf vorliegenden Belege.

c) Ermitteln Sie die Umsatzsteuerzahllast aufgrund der fünf vorliegenden Belege.

Lernsituation 4: Sie bewerten abnutzbares Anlagevermögen, berechnen Abschreibungsbeträge und buchen diese

Die Primus GmbH steckt mitten in den Vorbereitungen zum Jahresabschluss. Nicole geht dazu die Neuanschaffungen des Anlagevermögens im zurückliegenden Geschäftsjahr durch. Dabei lassen sie zwei Rechnungen stutzig werden. Angeschafft wurden ein Kleintransporter zur Warenauslieferung und ein Lagerregalsystem. In beiden Fällen sucht sie die entsprechende Anlagendatei – kann diese aber nicht finden. Deshalb wendet sie sich an Herrn Schubert, der das Rechnungswesen leitet.

Nicole: *„Guten Tag Herr Schubert, ich habe hier die Rechnungen für unseren neuen Kleintransporter und das neue Lagerregalsystem, kann aber die dazugehörige Anlagendatei nicht finden."*

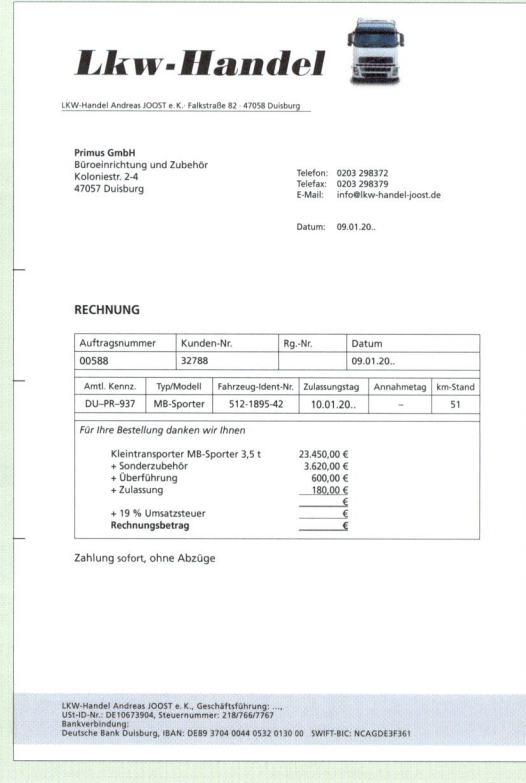

Lkw-Handel

LKW-Handel Andreas JOOST e.K. · Falkstraße 82 · 47058 Duisburg

Primus GmbH
Büroeinrichtung und Zubehör
Koloniestr. 2-4
47057 Duisburg

Telefon: 0203 298372
Telefax: 0203 298379
E-Mail: info@lkw-handel-joost.de

Datum: 09.01.20..

RECHNUNG

Auftragsnummer	Kunden-Nr.	Rg.-Nr.	Datum
00588	32788		09.01.20..

Amtl. Kennz.	Typ/Modell	Fahrzeug-Ident-Nr.	Zulassungstag	Annahmetag	km-Stand
DU–PR–937	MB-Sporter	512-1895-42	10.01.20..	–	51

Für Ihre Bestellung danken wir Ihnen

Kleintransporter MB-Sporter 3,5 t	23.450,00 €
+ Sonderzubehör	3.620,00 €
+ Überführung	600,00 €
+ Zulassung	180,00 €
+ 19 % Umsatzsteuer	€
Rechnungsbetrag	€

Zahlung sofort, ohne Abzüge

LKW-Handel Andreas JOOST e.K., Geschäftsführung: ...,
USt-ID-Nr. DE10673904, Steuernummer: 218/766/7767
Bankverbindung:
Deutsche Bank Duisburg, IBAN: DE89 3704 0044 0532 0130 00 SWIFT-BIC: NCAGDE3F361

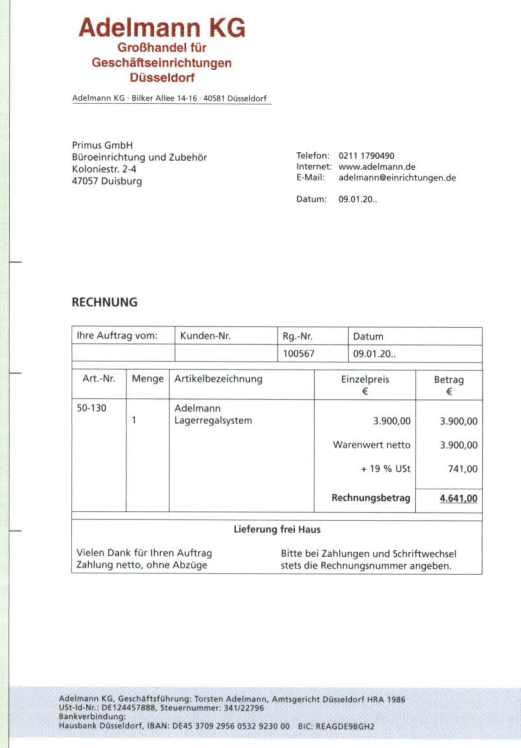

Adelmann KG
Großhandel für
Geschäftseinrichtungen
Düsseldorf

Adelmann KG · Bilker Allee 14-16 · 40581 Düsseldorf

Primus GmbH
Büroeinrichtung und Zubehör
Koloniestr. 2-4
47057 Duisburg

Telefon: 0211 1790490
Internet: www.adelmann.de
E-Mail: adelmann@einrichtungen.de

Datum: 09.01.20..

RECHNUNG

Ihre Auftrag vom:	Kunden-Nr.	Rg.-Nr.	Datum
		100567	09.01.20..

Art.-Nr.	Menge	Artikelbezeichnung	Einzelpreis €	Betrag €
50-130	1	Adelmann Lagerregalsystem	3.900,00	3.900,00
		Warenwert netto		3.900,00
		+ 19 % USt		741,00
		Rechnungsbetrag		**4.641,00**

Lieferung frei Haus

Vielen Dank für Ihren Auftrag
Zahlung netto, ohne Abzüge

Bitte bei Zahlungen und Schriftwechsel
stets die Rechnungsnummer angeben.

Adelmann KG, Geschäftsführung: Torsten Adelmann, Amtsgericht Düsseldorf HRA 1986
USt-Id-Nr.: DE124457888, Steuernummer: 341/22796
Bankverbindung:
Hausbank Düsseldorf, IBAN: DE45 3709 2956 0532 9230 00 BIC: REAGDE9BGH2

Herr Schubert: *„Gut, dass Sie mich daran erinnern. Die jeweilige Anlagendatei müssen wir noch erstellen. Würden Sie das bitte übernehmen? Berechnen Sie bitte auch gleich die entsprechenden Abschreibungsbeträge und buchen Sie den gesamten Vorgang auf den entsprechenden Konten und zur Übung auch gleich bis hin zum Gewinn- und Verlustkonto.“*

„Was ich wieder alles machen soll“, denkt sich Nicole ein wenig mürrisch und macht sich an die Arbeit.

Beschreibung und Analyse der Situation

Bitte ergänzen Sie zunächst die fehlenden Werte in der Eingangsrechnung des Kleintransporters und bestimmen Sie die Anschaffungskosten. Begründen Sie anschließend, warum die Werte sowohl für den Kleintransporter als auch für das Lagerregalsystem nicht zu den Anschaffungskosten in die Bilanz aufgenommen werden können, bevor Nicole die entsprechenden Abschreibungsbeträge berechnet hat.

_____

_____

_____

_____

Erläutern Sie, wie sich die Abschreibungen auf den Erfolg auswirken.

_____

_____

_____

_____

_____

_____

_____

Planen und durchführen

Werten Sie die folgenden Informationen aus und erstellen Sie die jeweiligen Anlagendateien. Berechnen Sie darin die Abschreibung für das zurückliegende Geschäftsjahr.

Information

§ 253 Abs. 3 HGB
(2) Bei Vermögensgegenständen des Anlagevermögens, deren Nutzung zeitlich begrenzt ist, sind die Anschaffungs- oder Herstellungskosten um planmäßige Abschreibungen zu vermindern. Der Plan muss die Anschaffungs- oder Herstellungskosten auf die Geschäftsjahre verteilen, in denen der Vermögensgegenstand voraussichtlich genutzt werden kann (…)

§ 255 HGB
(1) Anschaffungskosten sind die Aufwendungen, die geleistet werden, um einen Vermögensgegenstand zu erwerben und ihn in einen betriebsbereiten Zustand zu versetzen, soweit sie dem Vermögensgegenstand einzeln zugeordnet werden können. Zu den Anschaffungskosten gehören auch die Nebenkosten sowie die nachträglichen Anschaffungskosten. Anschaffungspreisminderungen sind abzusetzen.

Anlagendatei   Primus GmbH

Gegenstand: Kleintransporter MB-Sporter 3,5 t

Fabrikat: MB   **Lieferer:** Lkw-Handel Andreas Joost, Duisburg

Nutzungsdauer: sechs Jahre   **Anschaffungskosten:** _____

Konto: _____   **AfA-Satz:** _____ **AfA-Methode:** linear

Datum	Vorgang	Zugang in €	Abschreibung in €	Bestand in €
08.01.20..	ER 0012	_____		
_____	_____		_____	_____

Anlagendatei   Primus GmbH

Gegenstand: _____

Fabrikat: Adelmann   **Lieferer:** Adelmann, Düsseldorf

Nutzungsdauer: zehn Jahre   **Anschaffungskosten:** _____

Konto: _____ **AfA-Satz:** _____ **AfA-Methode:**
linear

Datum	Vorgang	Zugang in €	Abschreibung in €	Bestand in €
09.01.20..	ER 0013	_____		
_____	_____		_____	_____

Buchen Sie die Abschreibungen im Grundbuch und auf den betreffenden Konten im Hauptbuch.

Erfassung im Grundbuch

	Primus GmbH			
Grundbuch				**Seite 326**
Lfd. Nr.	**Buchungsdatum**	**Buchungssatz**	**Soll in €**	**Haben in €**
201	31.12.20..	_____ an _____	_____	_____
202	31.12.20..	_____ an _____	_____	_____
Abschlussbuchungen				
203	31.12.20..	_____ an _____	_____	_____
204	31.12.20..	_____ an _____	_____	_____
205	31.12.20..	_____ an _____	_____	_____

S	0840 Fuhrpark	H	S	0860 Geschäftsausstattung	H
AB	27.850,00		AB	3.900,00	

S	6520 Abschreibungen auf Sachanlagen	H

S	8020 GUV	H	S	8010 SBK	H

Bewerten

Gleichen Sie Ihre Ergebnisse mit einem anderen Paar ab. Versuchen Sie die Ursachen für eventuelle Abweichungen zunächst in der so entstandenen Gruppe zu klären.

Lernergebnisse sichern und vertiefen

Schreiben Sie sich zu dem Thema **„Abschreibungen berechnen und buchen"** einen Merkzettel. Schreiben Sie in ganzen Sätzen und bauen Sie dazu die nachfolgenden Begriffe und Satzteile in Ihren Merkzettel ein.

> Wertminderung – Abschreibungsplan – Anlagendatei – Anschaffungskosten –
> betriebsgewöhnliche Nutzungsdauer – lineare Abschreibung –
> Aufwandskonto „Abschreibungen auf Sachanlagen" – Gewinn- und Verlustkonto

Merkzettel

_____

_____

_____

_____

_____

_____

_____

_____

_____

_____

_____

_____

_____

Übung 4.1: Die Bedeutung der Abschreibung für Neu- und Ersatzinvestitionen

Fügen Sie die Begriffe an der richtigen Stelle des Schaubildes ein.

Anlagegüter – Verkaufserlöse – Wertminderung – neue – liquide Mittel – Neu- oder Ersatzinvestition – Abschreibungen – Kalkulation – verringern – Nutzung – Aufwand – Handlungskosten

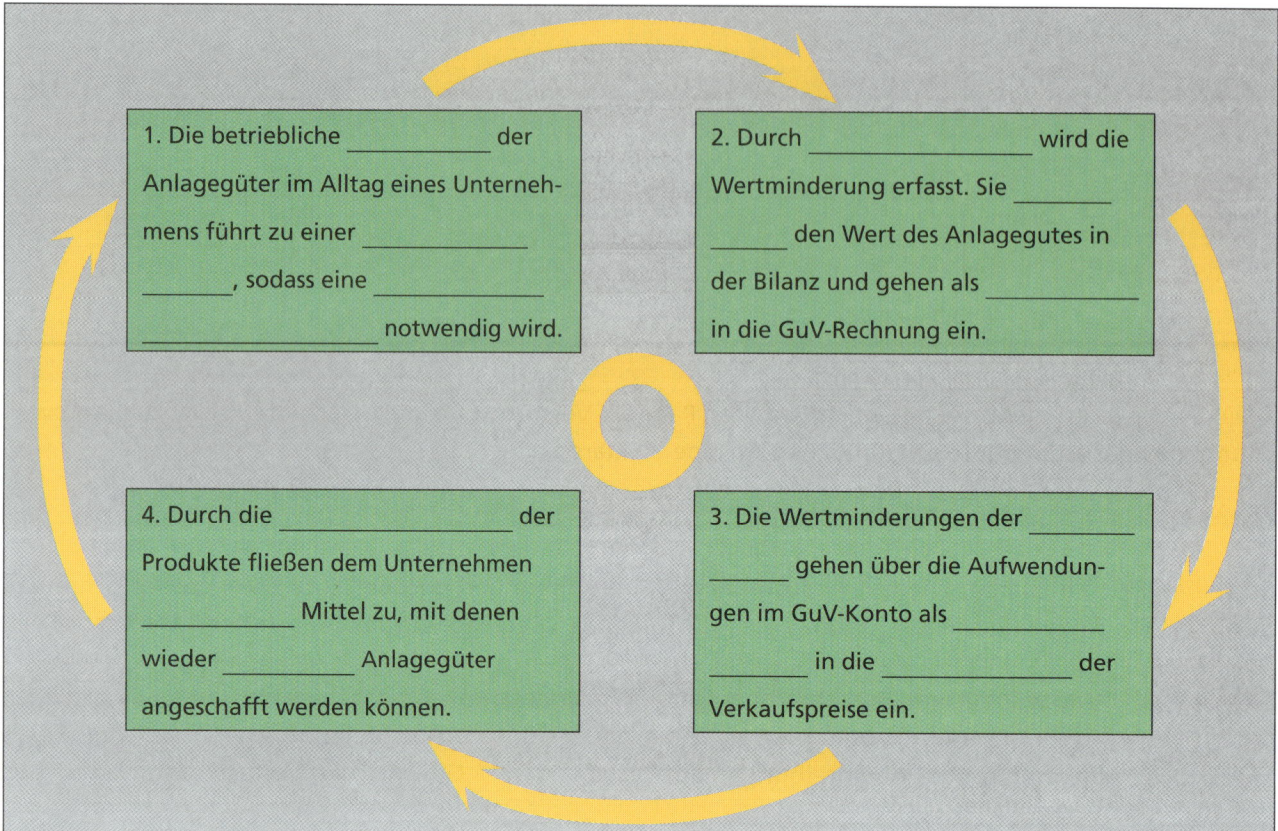

Übung 4.2: Den Wert eines Anlagegutes zum Jahresende bei Anwendung der linearen Abschreibung bestimmen

Berechnen Sie bitte die Abschreibungsbeträge der ausgewählten Anlagegüter der Primus GmbH für die betreffenden Jahre und ermitteln Sie den Wert des Anlagegutes zum 31.12.20.(0).[1]

Anlagegut	Datum der Anschaffung	Nutzungs-dauer/ Jahre	Anschaf-fungskos-ten €	AfA € 20.(-2)	Bestand € 31.12.20. (-2)	AfA € 20.(-1)	Bestand € 31.12.20. (-1)	AfA € 20.(0)	Bestand € 31.12.20. (0)
Schreibtisch	03.01.20.(-2)	13	1.950,00	150,00	1.800,00	150,00	1.650,00	150,00	1.500,00
Notebook	06.01.20.(-1)	3	960,00			320,00	640,00	320,00	320,00
Registrierkasse	10.01.20.(-2)	6	1.800,00						
Firmen-Pkw	09.01.20.(-2)	6	33.600,00						
Waage	12.01.20.(-1)	11	198,00						

---

[1] 20.(0) ist das aktuelle Geschäftsjahr, 20.(-1) bezieht sich auf das Geschäftsjahr vor einem Jahr, 20.(-2) bezieht sich auf das Geschäftsjahr vor zwei Jahren usw.

Anlagegut	Datum der Anschaffung	Nut-zungs-dauer/ Jahre	Anschaf-fungskos-ten €	AfA € 20.(-2)	Bestand € 31.12.20. (-2)	AfA € 20.(-1)	Bestand € 31.12.20. (-1)	AfA € 20.(0)	Bestand € 31.12.20. (0)
Verkaufstheke	21.01.20.(0)	10	3.400,00						
Kehrmaschine	30.01.20.(-1)	9	5.490,00						
Tresor	10.01.20.(-2)	23	2.875,00						
Büroschrank	19.07.20.(0)	13	1.690,00						
Hubwagen	12.05.20.(-2)	8	600,00						
Aktenvernichter	13.01.20.(-1)	7	630,00						
Lagerregale	17.10.20.(-2)	10	9.560,00						
Server	23.06.20.(0)	3	4.590,00						
Verkaufsregale	12.01.20.(-3)	10	3.550,00						
Packmaschine	14.03.20.(-1)	7	1.820,00						
Kopierer	07.01.20.(-4)	7	3.850,00						

Übung 4.3: Den Abschreibungsbetrag bei außergewöhnlichen Abschreibungen erfassen

Während der Vorbereitungen auf den anstehenden Jahresabschluss landen noch drei knifflige Fälle auf Nicole Hövers Schreibtisch. In allen Fällen geht es darum, unter Berücksichtigung der Regeln zur linearen Abschreibung den Wert des Anlagegutes für den Jahresabschluss festzulegen.

Fall 1

Vor zwei Jahren wurde ein Großrechner in der Primus GmbH angeschafft. Listenpreis netto 8.200,00 € – Rabatt 12 % – Fracht und Transport 124,00 €, Installation und Aufbau 400,00 €. Als betriebsgewöhnliche Nutzungsdauer wurden vier Jahre angesetzt. Durch eine Unachtsamkeit eines Mitarbeiters – eine Kaffee-tasse ist umgefallen und der Kaffee ist in den Rechner gelaufen – ist dieser im zurückliegenden Geschäfts-jahr unbrauchbar geworden und musste ersetzt werden. Bitte bestimmen Sie den Abschreibungsbetrag des Rechners und erfassen Sie den Geschäftsfall im Grundbuch.

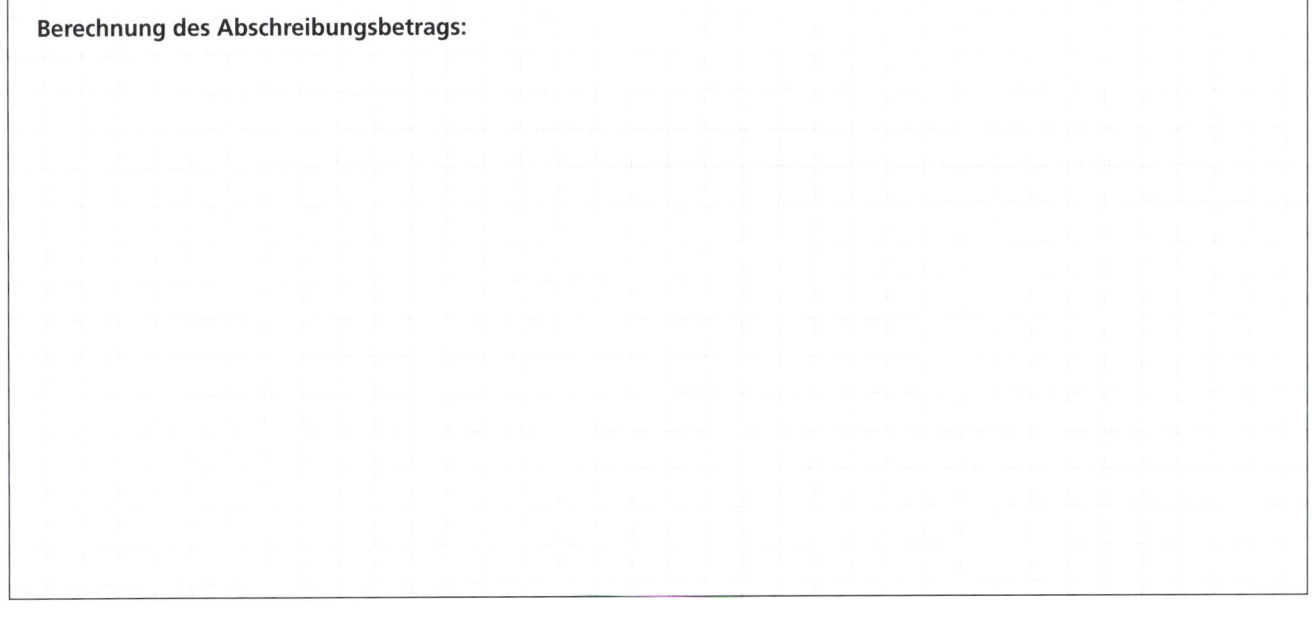

Berechnung des Abschreibungsbetrags:

Erfassung im Grundbuch

Primus GmbH			
Grundbuch			**Seite 326**
Buchungsdatum	**Buchungssatz**	**Soll in €**	**Haben in €**
31.12.20..	_____ an _____	_____	_____

Fall 2

Die Primus GmbH hat ein Telefon für netto 140,00 € erstanden, die betriebsgewöhnliche Nutzungsdauer ist mit fünf Jahren angesetzt. Für das laufende Geschäftsjahr werden hohe Gewinne erwartet. Die Unternehmensleitung ist daran interessiert, die Steuern auf die erwirtschafteten Gewinne möglichst zu reduzieren.

Abschreibungsbetrag:	Begründung des gewählten Abschreibungsverfahrens:
_____	

Fall 3

Zudem wurde ein neuer Drucker für einen Bürocomputer zu netto 400,00 € angeschafft, die betriebsgewöhnliche Nutzungsdauer ist mit fünf Jahren angesetzt.

Abschreibungsbetrag:	Begründung des gewählten Abschreibungsverfahrens:
_____ _____	

Übung 4.4: Lern- und Unterrichtscheck 2 – Sie reflektieren Ihre Tätigkeit in der Finanzbuchhaltung

Reflektieren Sie Ihr Lernen und Arbeiten im Rechnungswesen sowie den zurückliegenden Unterricht im Rechnungswesen und tauschen Sie sich anschließend darüber in Ihrer Klasse aus.

Eigener Lernerfolg	Trifft zu	Trifft überwiegend zu	Trifft weniger zu	Trifft nicht zu
1. Die Unterscheidung zwischen Bestandskonten und Erfolgskonten ist mir klar.				
2. Ich kann Buchungssätze bilden.				
3. Ich kann die Berechnung der Umsatzsteuerzahllast mit eigenen Worten erklären.				
4. Ich habe die Systematik hinter den Buchungen im Beschaffungs- und Absatzbereich verstanden.				
5. Ich könnte meinen Eltern erklären, warum es sinnvoll ist, Skonto auch im privaten Bereich auszunutzen, selbst wenn dafür ein kurzfristiger Kredit in Anspruch genommen werden muss.				

Eigener Lernerfolg	Trifft zu	Trifft über- wiegend zu	Trifft weniger zu	Trifft nicht zu
6. Mir ist deutlich geworden, warum Betriebe Gegen- stände des Anlagevermögens abschreiben.				
7. Ich kann Abschreibungen auf Konten erfassen und buchen.				

Lern- und Arbeitsprozess	Trifft zu	Trifft über- wiegend zu	Trifft weniger zu	Trifft nicht zu
1. Bei schwierigen Aufgaben gebe ich schnell auf.				
2. Wenn ich meine Ergebnisse mit denen meiner Mit- schülerinnen und Mitschüler vergleiche, finden wir selbstständig unsere Fehler.				
3. Ich übe auch außerhalb des Unterrichts.				
4. Wenn ich auf Schwierigkeiten gestoßen bin, habe ich in meinen Bemühungen nachgelassen.				
5. Wenn ich merke, dass ich etwas nicht verstanden habe, dann versuche ich, dies mithilfe des Lehrbu- ches selbstständig nachzuarbeiten.				

Das nehme ich mir bezüglich meines Arbeits- und Lernverhaltens vor:

_____

_____

Unterricht	trifft zu	Trifft über- wiegend zu	trifft weniger zu	trifft nicht zu
1. Ich hatte genügend Übungsmöglichkeiten, um den neu gelernten Unterrichtsstoff zu festigen.				
2. In unserer Klasse unterstützen wir uns gegenseitig, wenn wir in einem Lernbereich Probleme haben.				
3. Wir hatten ein Lern- und Unterrichtsklima, in dem ich gut lernen und konzentriert arbeiten konnte.				

Lernsituation 5: Sie bereiten die Bilanz statistisch auf und werten sie mithilfe von Kennzahlen aus

Die Primus GmbH hat einen Kredit über 400.000,00 € zur Fi- nanzierung eines Erweiterungsbaus bei der Kreissparkasse Duisburg beantragt. Auf Verlangen der Kreditsachbearbeite- rin hat Herr Müller dem Antrag die nachstehenden Bilanzen der beiden letzten Geschäftsjahre beigefügt. Die Kreditsach- bearbeiterin befasst sich intensiv mit den Posten des Anlage- vermögens und der Schulden.

Die Primus GmbH hat ihre Bilanzen[1] der vergangenen zwei Geschäftsjahre gegenübergestellt. Aus den bereits teilweise aufbereiteten Bilanzen ergeben sich die folgenden Informationen:

Aktiva	Berichts-Jahr €	Vorjahr €	Passiva	Berichts-Jahr €	Vorjahr €
Grundstücke	870.000,00	710.000,00	Eigenkapital	1.910.000,00	1.290.000,00
Gebäude	790.000,00	670.000,00	Langfristige	1.640.000,00	1.260.000,00
Fuhrpark	120.000,00	90.000,00	Verbindlichkeiten		
Geschäftsausstattung	140.000,00	150.000,00	Kurzfristige	450.000,00	1.050.000,00
Warenbestand	1.200.000,00	1.550.000,00	Verbindlichkeiten		
Forderungen	600.000,00	310.000,00			
Liquide Mittel	280.000,00	120.000,00			
	4.000.000,00	3.600.000,00		4.000.000,00	3.600.000,00

Beschreibung und Analyse der Situation

Erklären Sie das besondere Interesse der Kreditsachbearbeiterin für das Anlagevermögen und die Schulden.

_____

_____

_____

_____

_____

_____

_____

_____

_____

_____

Erläutern Sie die Gründe, weshalb die Kreditsachbearbeiterin die Vorlage der letzten beiden Bilanzen verlangt.

_____

_____

Planen

a) Zur Vorbereitung auf den anstehenden Banktermin werden die Bilanzen in der Primus GmbH zunächst zwecks einer besseren Übersicht aufbereitet. Dazu steht das folgende Schema zur Verfügung:

Vermögensstruktur	Berichts-jahr €	Berichts-jahr %	Vorjahr €	Vorjahr %	Veränderung €	Veränder-ung %
A. Anlagevermögen						
I. Sachanlagen						
Summe Anlagevermögen						

---

[1] Werte der Bilanz sind im Vergleich zu den Werten im Lehrbuch aus didaktischen Gründen abgeändert.

Vermögensstruktur	Berichts-jahr €	Berichts-jahr %	Vorjahr €	Vorjahr %	Veränderung €	Veränder-ung %
B. Umlaufvermögen						
I. Warenbestand						
II. Forderungen						
III. liquide Mittel						
Summe Umlaufvermögen						
Summe Vermögen						

Kapitalstruktur	Berichts-jahr €	Berichts-jahr %	Vorjahr €	Vorjahr %	Veränderung €	Veränder-ung %
I. Eigenkapital						
II. langfr. Schulden						
Summe langfr. Kapital						
III. kurzfr. Schulden						
Summe Schulden						
Summe Kapital						

b) In einem nächsten Schritt werden in der Primus GmbH die Bilanzkennziffern berechnet. Informieren Sie sich in Ihrem Lehrbuch über die Bilanzkennziffern und berechnen Sie die folgenden Werte:

	Kennzahl	Berichtsjahr	Vorjahr
Vermögensstruktur	Anlagevermögensintensität		
	Umlaufvermögensintensität		
Kapitalaufbau	Eigenkapitalintensität		
	Fremdkapitalintensität		
Kapitalanlage	Anlagendeckung I		
	Anlagendeckung II		
Liquidität	Liquidität 1. Grades		
	Für Experten: Liquidität 2. Grades		

Durchführen

Analysieren Sie die Entwicklung der Primus GmbH nach den folgenden Kriterien. Beziehen Sie sich dabei auf die aufbereiteten Bilanzen sowie die Bilanzkennziffern.

Auswertung:

Vermögensstruktur

_____

_____

_____

_____

_____

Kapitalaufbau:

_____

_____

_____

_____

_____

_____

_____

Kapitalanlage:

_____

_____

_____

_____

Liquidität:

_____

_____

_____

_____

_____

_____

Überprüfen Sie in einer abschließenden Beurteilung, ob die Primus GmbH damit rechnen kann, den beantragten Kredit bewilligt zu bekommen.

_____

_____

_____

Bewerten

Vergleichen Sie Ihre Auswertungen mit einem anderen Paar, bevor Sie Ihre Ergebnisse in der Klasse besprechen.

Lernergebnisse sichern

Erstellen Sie in Einzelarbeit eine Lernübersicht zu den jeweiligen Bilanzkennziffern und erläutern Sie deren Bedeutung in eigenen Worten.

Anlagevermögenintensität	Umlaufvermögenintensität
$\dfrac{\text{Anlagevermögen} * 100}{\text{Gesamtvermögen}}$	
Bedeutung: *Beschreibt, wie viel Prozent des Gesamtvermögens dem Anlagevermögen zugerechnet werden können.*	_____ _____ _____

Eigenkapitalintensität (Eigenkapitalquote)	Fremdkapitalintensität (Fremdkapitalquote)
Bedeutung: _____ _____ _____	Bedeutung: _____ _____ _____

Anlagendeckung I	Anlagendeckung II
Bedeutung: _____ _____ _____	Bedeutung: _____ _____ _____

Liquidität 1. Grades	Liquidität 2. Grades
Bedeutung: _____ _____ _____	Bedeutung: _____ _____ _____

Übung 5.1: Die Ergebnisse einer aufbereiteten Gewinn- und Verlustrechnung ermitteln und analysieren

In der Primus GmbH liegen die Zahlen der GuV-Rechnung vor. Um die Zahlen besser einordnen zu können, hat sich Herr Müller vom Verband der Bürozubehörlieferanten die Durchschnittszahlen der Bürozubehörbranche beschafft. Vergleichen Sie die aufbereitete Gewinn- und Verlustrechnung der Primus GmbH mit den Branchenzahlen.

a) Ermitteln Sie dazu zunächst die fehlenden Werte in den farblich markierten Feldern zur Berechnung des Jahresüberschusses/Jahresfehlbetrags.

Gewinn- und Verlustrechnung in €	Primus GmbH	Durchschnittswerte der Bürozubehörbranche
Umsatzerlöse + Bestandsveränderungen + Sonstige betriebliche Erträge	3.651.000,00 + 45.000,00 + 47.000,00	3.350.000,00 + 225.000,00 + 39.000,00
= Betriebliche Erträge		
Aufwendungen für Waren + Personalaufwand + Abschreibungen + Sonstige betriebliche Aufwendungen	2.033.000,00 1.078.000,00 98.000,00 390.000,00	1.795.000,00 998.000,00 320.000,00 360.000,00
= Betriebliche Aufwendungen		
= Betriebsergebnis		
+ Zinsen und ähnliche Erträge – Zinsen und ähnliche Aufwendungen	+ 18.560,00 – 22.360,00	+ 15.600,00 – 13.500,00
= Finanzergebnis		
= Ergebnis der gewöhnlichen Geschäftstätigkeit		
– Steuern	– 35.700,00	– 32.000,00
= Jahresüberschuss/-fehlbetrag		

b) Berechnen Sie die Rentabilitäten der Primus GmbH und der Büromöbelbranche.

Zur Berechnung benötigen Sie noch die folgenden Zusatzinformationen:
- Eigenkapital der Primus GmbH am Jahresanfang: 582.500,00 €
- Durchschnittliches Eigenkapital der Büromöbelbranche am Jahresanfang: 950.000,00 €
- Gesamtkapital der Primus GmbH am Jahresanfang: 3.600.000,00 €
- Durchschnittliches Gesamtkapital der Büromöbelbranche am Jahresanfang: 3.580.000,00 €

Rentabilität/Formel	Primus GmbH	Durchschnittswerte der Büromöbelbranche
Eigenkapitalrentabilität		
Gesamtkapitalrentabilität		

c) Berechnen Sie die Wirtschaftlichkeit der Primus GmbH und der Büromöbelbranche.

Wirtschaftlichkeit/Formel	Primus GmbH	Durchschnittswerte der Büromöbelbranche
Wirtschaftlichkeit		

d) Beurteilen Sie die errechneten Zahlen der GuV-Rechnung, die Rentabilitäten sowie die Wirtschaftlichkeit der Primus GmbH und die der Bürozubehörbranche im Vergleich. Geben Sie mögliche Handlungsempfehlungen für die Primus GmbH.

Auswertung:

Aufgaben zur Prüfungsvorbereitung

1. Die Geschäftsleitung der Primus GmbH möchte betriebsintern die Höhe des Eigenkapitals zum 31.10.20.. ermitteln. Aus der Buchführung der Primus GmbH liegen für die Monate Januar bis Oktober 20.. folgende Werte vor:

Summe der Aufwendungen	19.650.000,00 €
Summe der Erträge	21.950.000,00 €
Eigenkapital am Anfang des Geschäftsjahres	6.650.000,00 €

   Ermitteln Sie die Höhe des Eigenkapitals in € zum 31.10.20..   Antwort: ☐

2. Welche **zwei** Erläuterungen zum Thema Umsatzsteuer sind richtig?

   1. Umsatzsteuer tragen ausschließlich die Arbeitnehmer.
   2. Bei der Ermittlung der Umsatzsteuerzahllast werden die Beträge „Umsatzsteuer (voller Steuersatz)", „Umsatzsteuer (ermäßigter Steuersatz)", „Vorsteuer (voller Steuersatz)" sowie „Vorsteuer (ermäßigter Steuersatz)" miteinander verrechnet.
   3. Der Umsatzsteuerträger führt die Umsatzsteuer direkt an das Finanzamt ab.
   4. Vorsteuern stellen für das Unternehmen Forderungen gegenüber dem Finanzamt dar.
   5. Ausfuhrlieferungen (Exporte) sind von der Umsatzsteuer in Deutschland befreit.
   6. Nachträglich gewährte Rabatte (Boni) haben keinen Einfluss auf die Höhe der Umsatzsteuer.   Antworten ☐ und ☐

3. Sie sind in der Primus GmbH mit der Prüfung von Eingangsrechnungen beauftragt. Prüfen Sie, in welcher Alternative die zur Rechnungsprüfung benötigten Belege korrekt aufgeführt sind.

   1. Rechnung, Lieferschein, Bestellung
   2. Rechnung, Kontierungsbeleg, Lieferschein
   3. Rechnung, Bestellung, Kontierungsbeleg
   4. Rechnung, Bestellung, Angebot
   5. Rechnung, Kontierungsbeleg, Angebot   Antwort: ☐

4. Wie verhalten Sie sich richtig, wenn Sie bei der Rechnungskontrolle feststellen, dass ein Lieferer anstelle der vereinbarten 20 % Rabatt nur 10 % Rabatt in der Rechnung berücksichtigt hat?

   1. Sie ändern die Rechnung, buchen den richtigen Betrag und bezahlen.
   2. Sie korrigieren die Rechnung, buchen und bezahlen.
   3. Sie verlangen vom Lieferer eine Gutschrift und buchen die fehlerhafte Rechnung.
   4. Sie schicken dem Lieferer eine Gegenrechnung.
   5. Sie schicken die angelieferte Ware zurück und verlangen eine Gutschrift.   Antwort: ☐

5. Sie sollen in der Primus GmbH bei den Jahresabschlussarbeiten helfen. Welche **zwei** Darstellungen sind zutreffend?

   1. Als Inventur bezeichnet man das Verzeichnis aller Vermögens- und Schuldenwerte des Unternehmens.
   2. Die Summe des Reinvermögens und der Schulden eines Inventars müssen mit der Summe des Kapitals des gleichen Jahres übereinstimmen.
   3. Die Primus GmbH kann sich aussuchen, ob sie am Jahresende eine Inventur oder eine Bilanz aufstellen möchte.
   4. Die Primus GmbH kann ihre Bilanz auch in US-Dollar aufstellen, wenn eine Umrechnung möglich ist.

5. Bei den Inventurarbeiten werden die Ist-Werte der Primus GmbH festgestellt.

6. Die Bilanz darf auch von einem Prokuristen der Primus GmbH unterschrieben werden.

Antworten [ ] und [ ]

6. Die nachstehenden Belege sind zu bearbeiten:

Theodor Bühler — Internationale Speditions- und Transport GmbH

Theodor Bühler GmbH · Rotdornstr. 126 · 47269 Duisburg

Primus GmbH
Büroeinrichtung und Zubehör
Koloniestr. 2–4
47057 Duisburg

Tel.: 0203 587465
Fax: 0203 587466

Beleg Nr. 503

RECHNUNG

Ihr Auftrag vom:	Kunden-Nr.	Rg.-Nr.	Datum
	12456	26573	03.06.20…

Leistung	Betrag €
Für den Transport von Waren der Primus KG, Duisburg, zum Bürofachgeschäft Herbert Blank e. K., Oberhausen, netto	400,00
+ 19 % Umsatzsteuer	76,00
	476,00

Büroräume:
Rotdornstraße 126, 47269 Duisburg
Bankverbindung:
Sparkasse Duisburg
IBAN: DE62 3505 0000 0000 7753 28   BIC: DUISDE33XXX
Steuernummer: 134/111/8538   USt-ID-Nr.: DE908897119

Primus GmbH — Büroeinrichtung und Zubehör

Primus GmbH · Koloniestraße 2–4 · 47057 Duisburg

Herbert Blank e. K.
Bürofachgeschäft
Cäcilienstr. 86
46147 Oberhausen

KOPIE

Primus GmbH
Büroeinrichtung und Zubehör
Koloniestr. 2–4
47057 Duisburg
Tel.: 0203 4453690
Fax: 0203 4453698

Beleg Nr. 504

RECHNUNG

Ihr Auftrag vom:	Kunden-Nr.	Rg.-Nr.	Datum
01.06.20…	24070	52498	04.06.20…

Art.-Nr.	Menge	Artikelbezeichnung	Einzelpreis €	Gesamtpreis €
182B238	20	Drehsäule für Akten-Ordner, 3 Etagen	384,50	7.690,00
119B263	500	Primus Ordner A4	2,00	1.000,00
				8.690,00
		– 10 % Rabatt		869,00
				7.821,00
		+ Fracht		400,00
		+ Leihverpackung (5 Rollcontainer)		2.000,00
				10.221,00
		+ 19 % Ust		1.941,99
				12.162,99

Bei Rücksendung der Verpackung schreiben wir 80 % des Wertes gut.

Sparkasse Duisburg
IBAN: DE12 3505 0000 0360 0587 96   BIC: DUISDE33XXX
Postbank Dortmund
IBAN: DE76 4401 0046 0286 7784 31   BIC: PBNKDEFF440
Steuernummer: 134/130/0146   USt-ID-Nr.: DE124659333

a) Kontieren Sie Beleg Nr. 503.

Soll	Kontonummern	Haben
[ ] [ ]		[ ] [ ]

b) Kontieren Sie Beleg Nr. 504.

Soll	Kontonummern	Haben
[ ] [ ]		[ ] [ ]

7. Bearbeiten Sie den nachfolgenden Kontoauszug:

SEPA-Girokonto	IBAN: DE12350500000360058796	**Kontoauszug**	**126**
	BIC: DUISDE33XXX	**Blatt**	**1**
Sparkasse Duisburg	UST-ID DE119554671		

Datum	Erläuterungen	Betrag
	Kontostand in EUR am 04.06.20.., Auszug Nr. 125	6.838,20+
05.06. [1]	Überweisung COMPUTEC GMBH & CO. KG, HAMBURG, KD-NR. 05839, RG 29775 vom 23.05.20.. für Faxgeräte abzügl. 3% Skonto	16.160,20−
05.06. [2]	Zahlungseingang HERSTADT WARENHAUS GMBH, GELSENKIRCHEN, KD-NR 24030 RG 2347 vom 26.05.20.. für Schreibtische abzügl. 2% Skonto	9.996,00+
05.06. [3]	Lastschrift Miete Lagerhalle Monat Mai 20..	1.200,00−
	Kontostand in EUR am 07.06.20.., 16:00 Uhr	526,00−
	Ihr Dispositionskredit 80.000,00 EUR	
		Primus GmbH

a) Kontieren Sie Position 1 des Kontoauszugs 112 (Beleg Nr. 505).

Soll			Kontonummern		Haben	

b) Kontieren Sie Position 2 des Kontoauszugs 112 (Beleg Nr. 505).

Soll			Kontonummern		Haben	

c) Kontieren Sie Position 3 des Kontoauszugs 112 (Beleg Nr. 505).

Soll	Kontonummern	Haben

d) Ermitteln Sie zur Position 2 des Kontoauszugs 112 (Beleg Nr. 505) den ursprünglichen Rechnungsbetrag in €.

Antwort: [ ]

e) Ermitteln Sie zur Position 3 des Kontoauszugs 112 (Beleg Nr. 505) den Skontoabzugsbetrag (netto) in € (zwei Nachkommastellen).

Antwort: [ ]

8. Die nachstehenden Belege sind zu bearbeiten:

BÜRODESIGN GMBH
Ein ökologisch orientiertes Unternehmen mit Zukunft

Bürodesign GmbH · Stolberger Str. 188 · 50933 Köln

Primus GmbH
Büroeinrichtung und Zubehör
Koloniestr. 2–4
47057 Duisburg

Bürodesign GmbH
Stolberger Str. 188
50933 Köln
Tel.: 0221 668355-0
Fax: 0221 668357

Beleg Nr. 506

RECHNUNG

Ihr Auftrag vom:	Kunden-Nr.	Rg.-Nr.	Datum		
04.06.20...	12456	26573	..15.06.		
Art.-Nr.	Artikelbezeichnung		Einzelpreis €	Menge	Gesamtpreis €
155440	Magister Flipchart Tafel		25,00	100	2.500,00
	+ Fracht				275,00
	+ 19 % USt.				527,25
					3.302,25

Zahlungsziel: 30 Tage netto oder 10 Tage mit 3 % Skonto.

Geschäftsräume: Stolberger Str. 188, 50933 Köln
Sparkasse KölnBonn
IBAN: DE11 3705 0198 0085 3139 48   BIC: COLSDE33XXX
USt-ID-Nr.: DE-135795835

Primus
GmbH

Büroeinrichtung und Zubehör

Primus GmbH · Koloniestraße 2–4 · 47057 Duisburg

Herbert Blank e. K.
Bürofachgeschäft
Cäcilienstr. 86
46147 Oberhausen

KOPIE

Primus GmbH
Büroeinrichtung und Zubehör
Koloniestr. 2–4
47057 Duisburg
Tel.: 0203 4453690
Fax: 0203 4453698

Datum: 15.06.20..

Gutschrift Nr. 1254

Beleg Nr. 507

Sehr geehrter Herr Stam,

Ihre Rücksendung der Leihverpackung aus Auftrag 52498 haben wir erhalten. Vereinbarungsgemäß schreiben wir Ihnen gut:

80 % von 2.000 € (netto)	1.600,00 €
+ 19 % Umsatzsteuer	304,00 €
	1.904,00 €

Mit freundlichen Grüßen

Primus GmbH

i. A. *Lapp*

Lapp

Sparkasse Duisburg
IBAN: DE12 3505 0000 0360 0587 96   BIC: DUISDE33XXX
Postbank Dortmund
IBAN: DE76 4401 0046 0286 7784 31   BIC: PBNKDEFF440
Steuernummer: 134/130/0146, USt-ID-Nr.: DE-124659333

a) Kontieren Sie Beleg Nr. 506.

Soll		Kontonummern			Haben

b) Kontieren Sie Beleg Nr. 507.

Soll		Kontonummern		Haben

9. Die Primus GmbH zahlt eine Liefererrechnung (Handelswaren, Bruttorechnungsbetrag: 9.920,00 €) rechtzeitig unter Abzug von 3 % Skonto, obwohl sich das Konto der Primus GmbH im Soll befindet. Die Bank berechnet 15 % p. a. Überziehungszinsen.

a) Ermitteln Sie die Zinsbelastung durch die Bank (Zinsrechnung 30/360).   Antwort:

b) Trotz der Zinsbelastung durch die Bank erzielt die Primus GmbH durch die frühzeitige Zahlung nach Abzug von Skonto eine Ersparnis.   Antwort:

Ermitteln Sie den ersparten Bruttobetrag in €.

10. Die nachstehenden Belege sind zu kontieren:

Bücherkreisel GmbH
Friedrich-Alfred-Straße 93
47226 Duisburg

Beleg Nr. 508

Quittung für

Herrn/Frau/Firma: Primus GmbH

Menge	Titel	€	Cent
1	Fachbuch „Ratgeber Personalwesen	28	50
	zu zahlender Betrag incl. 7 % USt.	28	50

Betrag dankend erhalten.
Duisburg, 16.06.20..

Huber
Bücherkreisel GmbH
Friedrich-Alfred-Straße 93
47226 Duisburg

Amtsgericht Duisburg HRB 2564   Geschäftsführer: Daniel Huber
Steuernummer: 107/130/0036   Tel: 02065 357011   Fax: 02065 357012

CITY-TANKSTELLE

Inh. Britte Huber e. K.
Bahnhofstr. 34
47138 Duisburg
Tel.: 0203 543463

Lkw-Diesel	1,40 €
ZP5	200 LTR
BRUTTOUMSATZ	280,00 €

IM BETRAG SIND
19 % UST ENTHALTEN

BAR TOTAL   280,00 €

Steuernummer: 107/1838/6453
USt-IDNr.:   DE884679532

96023   16.06.20..   15:32

Vielen Dank und gute Fahrt

---

a) Kontieren Sie Beleg Nr. 508.

Soll	Kontonummern	Haben

b) Kontieren Sie Beleg Nr. 509.

Soll	Kontonummern	Haben

11. Ihnen liegt die folgende Anlagenkarte zur Bearbeitung vor:

Anlagekarte		Gegenstand: Aktenschrank		
Standort:		Fabrikat:	Modell 1507	
Inventar-Nr.:	532	Lieferant:	LATEX AG	
			Neckarstr. 89 – 121, 12053 Berlin	
Anlagenkonto:	0870	Abschreibungsmethode:		
voraussichtliche Nutzungsdauer:	14 Jahre	☒ linear		☐ degressiv
		AfA-Satz:		AfA-Satz:

Datum	Text	Zugänge €	Abgänge €	Bestand €
12.01.20..	Zugang Aktenschrank	8.400,00		8.400,00
31.12.20..	AfA für 20..			

a) Ermitteln Sie den Abschreibungsbetrag in Euro für den 31.12.20.. .   Antwort: [ ]

b) Kontieren Sie die Abschreibungsbuchung am 31.12.20.. .

Soll	Kontonummern	Haben
[ ]		[ ]

12. Ihnen liegen die folgende Bilanz und die Gewinn- und Verlustrechnung zur Bearbeitung vor:

A	Bilanz der Primus GmbH zum 31.12.20..			P
I. Anlagevermögen		I. Eigenkapital		6.764.688,00 €
1. Gebäude	1.500.700,00 €			
2. Maschinen	6.126.800,00 €	II. Verbindlichkeiten		
3. Fuhrpark	140.200,00 €	1. Bankverbindlichkeiten		1.402.750,00 €
4. Betriebs- und Geschäftsausstattung	106.500,00 €	2. Verbindlichkeiten aus L. u. L.		178.600,00 €
II. Umlaufvermögen				
1. Roh-, Hilfs- und Betriebsstoffe	99.020,00 €			
2. Eigene Erzeugnisse	70.800,00 €			
3. Handelswaren	92.000,00 €			
4. Forderungen aus L. u. L.	195.350,00 €			
5. Kassenbestand, Bankguthaben	14.668,00 €			
	8.346.038,00 €			8.346.038,00 €

S	Gewinn und Verlust		H
Aufwendungen für Handelswaren	1.200.000,00 €	Umsatzerlöse für Handelswaren	2.131.578,00 €
Aufwendungen für Gehälter	360.000,00 €		
Aufwendungen für Miete	98.000,00 €		
Aufwendungen für Energie	15.194,00 €		

a) Wie hoch war das Eigenkapital am Anfang des Geschäftsjahres?   Antwort: [ ]

b) Ermitteln Sie die Rentabilität des Eigenkapitals
   (auf 2 Nachkommastellen runden).   Antwort: [ ]

c) Ermitteln Sie aus der Bilanz zum 31.12.20.. die Eigenkapitalquote
   (auf ganze Zahl runden).   Antwort: [ ]

13. Die Rechnung des Autohändlers wies für den Kauf eines neuen Firmenwagens folgende Positionen aus:

Fahrzeugpreis	23.850,00 €
Überführung	500,00 €
Anhängerkupplung	240,00 €
	24.590,00 €
19 % Umsatzsteuer	4.672,10 €
Rechnungsbetrag	29.262,10 €

Ermitteln Sie aus obiger Rechnung des Autohauses die
zu aktivierenden Kosten.   Antwort: [ ]

14. Bei der Beschaffung des obigen Pkw (13. Aufgabe) sind folgende zusätzliche Kosten angefallen:

Kraftfahrzeugsteuer	345,00 €
Zulassungsgebühr	45,40 €
Vollkaskoversicherung	566,80 €
Finanzierungskosten (Zinsen usw.)	198,80 €
Beschriftung mit Firmenlogo	1.864,49 € zuzüglich 354,05 € USt.

a) Ermitteln Sie die zusätzlich zu aktivierenden Kosten.   Antwort: ☐

b) Ermitteln Sie die gesamten aktivierungspflichtigen
   Anschaffungskosten dieses Firmenwagens.   Antwort: ☐

15. Schließen Sie die abgebildeten Konten ab, soweit es für die Ermittlung des Unternehmenserfolgs und der Umsatzsteuerzahllast erforderlich ist.

Auszug aus dem Hauptbuch:

S	2600 Vorsteuer	H
4400	23.000,00	
4400	900,00	

S	4400 Verbindlichkeiten a. L. L.		H
0870	5.625,00	6080	12.000,00

S	4800 Umsatzsteuer		H
		2400	8.250,00
	8.250,00		8.250,00

S	5100 Umsatzerlöse für Handelswaren		H
		2400	55.000,00

S	6080 Aufwendungen Handelswaren	H
4400	12.000,00	

S	6300 Gehälter	H
2800	15.000,00	

S	6800 Aufw. für Kommunikation	H
2800	3.000,00	

S	8020 Gewinn und Verlustkonto	H

a) Ermitteln Sie den Unternehmenserfolg in €.   Antwort: ☐

b) Ermitteln Sie die Zahllast in €.   Antwort: ☐

16. Bringen Sie die Vermögenspositionen des Anlagevermögens in die richtige Reihenfolge, indem Sie die Ziffern 1 bis 5 in die Kästchen neben den Positionen eintragen.

Gebäude	☐	Betriebs- und Geschäftsausstattung	☐
Grundstücke	☐	Fuhrpark	☐
Technische Anlagen	☐		

17. Ihnen liegen die Bilanz des letzten Geschäftsjahres und die unvollständige, auf geschätzten Werten[1] basierende, vorläufige Bilanz des aktuellen Geschäftsjahres vor:

A	Bilanz der Primus GmbH zum 31.12.20.. des Vorjahres		P
I. Anlagevermögen		I. Eigenkapital	6.767.888, 00 €
1. Gebäude	1.540.700,00 €		
2. Maschinen	6.115.800,00 €	II. Verbindlichkeiten	
3. Fuhrpark	123.000,00 €	1. Bankverbindlichkeiten	1.398.000, 00 €
4. Betriebs- und Geschäftsausstattung	96.500,00 €	2. Verbindlichkeiten aus L. u. L.	182.900, 00 €
II. Umlaufvermögen			
1. Roh-, Hilfs- und Betriebsstoffe	100.520, 00 €		
2. Eigene Erzeugnisse	75.300, 00 €		
3. Handelswaren	87.450, 00 €		
4. Forderungen aus L. u. L.	197.123, 00 €		
5. Kassenbestand, Bankguthaben	12.395, 00 €		
	8.348.788, 00 €		8.348.788, 00 €

A	Vorläufige Bilanz der Primus GmbH zum 31.12.20.. aktuelles Jahr		P
I. Anlagevermögen		I. Eigenkapital	
1. Gebäude	1.500.700, 00 €		
2. Maschinen	6.126.800, 00 €	II. Verbindlichkeiten	
3. Fuhrpark	140.200, 00 €	1. Bankverbindlichkeiten	1.402.750, 00 €
4. Betriebs- und Geschäftsausstattung	106.500, 00 €	2. Verbindlichkeiten aus L. u. L.	178.600, 00 €
II. Umlaufvermögen			
1. Roh-, Hilfs- und Betriebsstoffe	99.020, 00 €		
2. Eigene Erzeugnisse	70.800, 00 €		
3. Handelswaren	92.000, 00 €		
4. Forderungen aus L. u. L.	195.350, 00 €		
5. Kassenbestand, Bankguthaben	14.668, 00 €		
	8.346.038, 00 €		

a) Ermitteln Sie den voraussichtlichen Erfolg (Gewinn oder Verlust) in €.   Antwort: ☐

b) Ermitteln Sie für die vorläufige Bilanz zum 31.12.20.. die Fremdkapitalquote (Ergebnis kaufmännisch auf ganze Zahl runden).   Antwort: ☐

c) Ermitteln Sie für das aktuelle Geschäftsjahr die voraussichtliche Eigenkapitalrentabilität (kaufmännisch auf zwei Nachkommastellen runden).   Antwort: ☐

d) Ermitteln Sie für das aktuelle Geschäftsjahr die voraussichtliche Anlagevermögensintensität (kaufmännisch auf zwei Nachkommastellen runden).   Antwort: ☐

[1] Die Werte der Bilanzen sind im Vergleich zu den Werten im Lehrbuch aus didaktischen Gründen abgeändert.

Lernsituation 1: Sie nutzen die Grundlagen der Kommunikation mit Geschäftspartnern

Die Primus GmbH ist erstmals mit einem eigenen Stand auf der größten deutschen Büromöbelmesse in Frankfurt vertreten. Zusätzlich zur Information und Beratung durch die Aussteller findet an diesen Tagen auch der Verkauf von speziellen Messeprodukten an die Fachbesucher statt. So verlaufen gerade diese beiden Messetage aufgrund der großen Besuchermengen sehr stressig. Die Auszubildenden Nicole Höver und Andreas Dick unterstützen daher die Mitarbeiter und Mitarbeiterinnen bei der Arbeit am Messestand.

Ein älterer Herr, Inhaber eines Bürofachgeschäfts und auf der Suche nach Schreibtischstühlen für einen Kunden, betritt den Messestand. Er steuert zielstrebig die Auszubildende Nicole Höver an, die sich gerade mit Andreas Dick unterhält, sodass es einige Zeit dauert, bis sie sich dem älteren Herrn zuwendet.

Nicole (dem Auszubildenden Andreas Dick zugewandt): *„Hast du schon die neuen Stapelstühle gesehen, die gestern Abend noch verspätet angeliefert wurden?"*

Andreas: *„Oh ja, die muss ich unbedingt noch mit Preisschildern und Produktinformationen versehen und ich soll die Stühle in verschiedenen Farben auf unserer Ausstellungsfläche auffällig platzieren!"*

Nicole: *„Na ja, dann hast du ja noch einiges zu tun. Ich soll mich jetzt erst mal darum kümmern, die Präsentationsständer mit Katalogen und Flyern aufzustellen. Das wird aber schnell gehen."*

Andreas: *„Du hast es gut, ich leg dann mal los und fange an, meine Aufträge abzuarbeiten."*

Nicole (ironisch): *„Viel Spaß, bis später."* (Lacht noch weiter, während sie sich – Kaugummi kauend – dem Messebesucher zuwendet): *„Guten Tag, wie kann ich Ihnen helfen?"* (Dabei schaut sie auf den Infotresen und räumt noch einige Stifte und Zettel zusammen.)

Älterer Herr: *„Ich benötige für einen Kunden meines Bürofachgeschäfts hochwertige Schreibtischstühle, die auch für Mitarbeiter mit Bandscheibenproblemen geeignet sind. Und Sie bieten doch sicher extra etwas zum Messepreis an."*

Nicole (schaut auf, lächelt ironisch): *„Welchen Schreibtischstuhl aus unserem Programm hätten Sie denn gerne?"*

Älterer Herr: *Den habe ich mir auf Ihrer Homepage herausgesucht. Hier diese Beschreibung habe ich mir ausgedruckt."* (zeigt Nicole den Ausdruck)

Nicole: *„Ach ja, das ist das Modell ‚Super-Star'. Den finden Sie hinter den Präsentationsständern da hinten links auf unserem Stand bei den anderen Bürostühlen."*

Älterer Herr (schaut sich etwas unsicher um): *„Ja danke, dann schaue ich mal."*

Nicole (schon dem Sortieren der Kataloge und Flyer zugewandt): *„Bitte, kein Problem, dafür sind wir ja da."*

Beschreibung und Analyse der Situation

Untersuchen Sie die vorliegende Gesprächsituation zwischen Nicole und dem Kunden mithilfe des Sender-Empfänger-Modell der Kommunikation.

_____

_____

_____

_____

_____

_____

_____

_____

_____

Ermitteln Sie, welcher Form der Kommunikation mit Geschäftspartnern das Gespräch auf dem Messestand zugeordnet werden kann und begründen Sie Ihre Einschätzung.

_____

_____

_____

_____

_____

_____

Beschreiben Sie, wie sich der ältere Herr in diesem Gespräch am Messestand fühlen könnte.

_____

_____

_____

_____

_____

Erläutern Sie, wie sich Nicole fühlt und was sie über den älteren Herrn denken könnte.

_____

_____

_____

_____

_____

Planen

Untersuchen Sie Nicoles Aussagen auf der Inhalts- und der Beziehungsebene. Stellen Sie dabei die Merkmale für die Beziehungsebene heraus.

Beispiel:
„Guten Tag, wie kann ich Ihnen helfen?" (Dabei schaut sie auf den Infotresen und räumt noch einige Stifte und Zettel zusammen.)

Inhaltsebene	Beziehungsebene
Nicole bietet ihre Hilfe an.	Durch die späte Zuwendung zum Kunden, den fehlenden Blickkontakt und die Nebenbeschäftigung signalisiert Nicole ihr mangelndes Interesse am Kunden und dem Aufbau einer positiven Beziehungsebene zu ihm.

Beispiel:
(schaut auf, lächelt ironisch): *„Welchen Schreibtischstuhl aus unserem Programm hätten Sie denn gerne?"*

Inhaltsebene	Beziehungsebene

Beispiel:
„Ach ja, das ist das Modell ‚Super-Star'. Den finden Sie hinter den Präsentationsständern da hinten links auf unserem Stand bei den anderen Bürostühlen."

Inhaltsebene	Beziehungsebene

Beispiel:
(schon dem Sortieren der Kataloge und Flyer zugewandt): *„Bitte, kein Problem, dafür sind wir ja da."*

Inhaltsebene	Beziehungsebene

Durchführen

Erarbeiten Sie Verbesserungsvorschläge für Nicoles Verhalten auf dem Messestand. Bearbeiten Sie dazu nicht nur die verbalen Äußerungen von Nicole, sondern auch die in Klammern geschriebenen „Regieanweisungen".

_____

_____

_____

_____

_____

_____

_____

_____

_____

Erproben Sie Ihre Verbesserungsvorschläge in Rollenspielen. Halten Sie Ihre Beobachtungen bei den Rollenspielen stichwortartig fest.

_____

_____

_____

_____

_____

_____

_____

Bewerten

Geben Sie den Rollenspielern ein konstruktives Feedback. Stellen Sie dabei die gelungenen Aspekte in den Vordergrund. Erinnern Sie sich als Vorbereitung noch einmal die Feedback-Regeln, die Sie bereits in Lernfeld 1 kennengelernt haben:

Feedback-Regeln

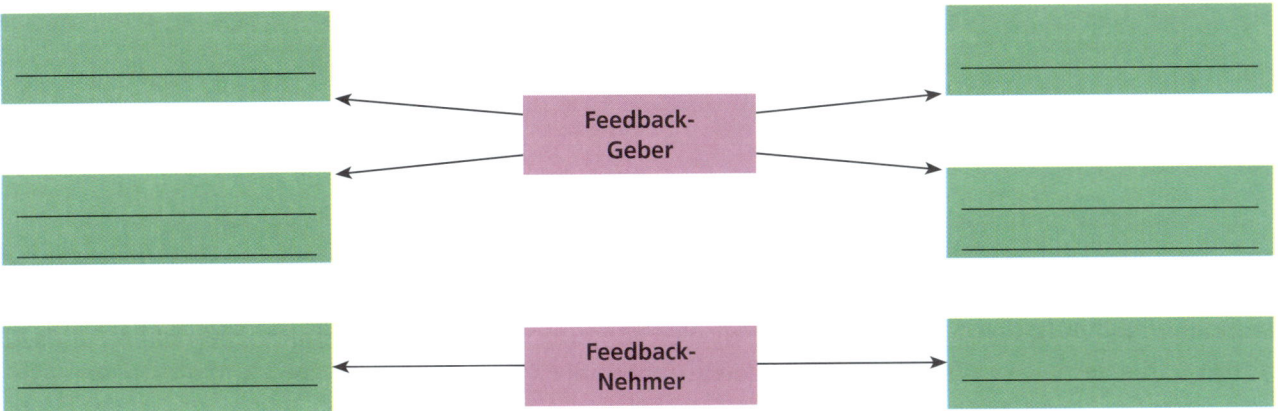

Notieren Sie wichtige Ergebnisse des Feedbacks. Halten Sie sich dabei an die vorgegebene Form in der folgenden Tabelle.

Ich habe wahrgenommen/gesehen, …	… das wirkt auf mich …
… dass die Auszubildende mit dem Kunden Blickkontakt aufgenommen hat, als dieser den Messestand betreten hat.	… als habe die Auszubildende Interesse an dem Gegenüber.
_____	_____
_____	_____
_____	_____
_____	_____
_____	_____
_____	_____

Lernergebnisse sichern und vertiefen

Nachdem der ältere Herr den gesuchten Schreibtischstuhl hinter den Präsentationsständern gefunden hat, stellt er fest, dass die Preisauszeichnungen und Informationen zum Produkt fehlen. Ratlos sagt er laut in Richtung des Auszubildenden Andreas Dick: „Kann mich denn mal jemand beraten?"

Untersuchen Sie die Aussage des Kunden auf Grundlage des „4-Seiten-einer-Nachricht"-Modells. Beschreiben Sie dazu, welche weiteren Botschaften in der Mitteilung stecken.

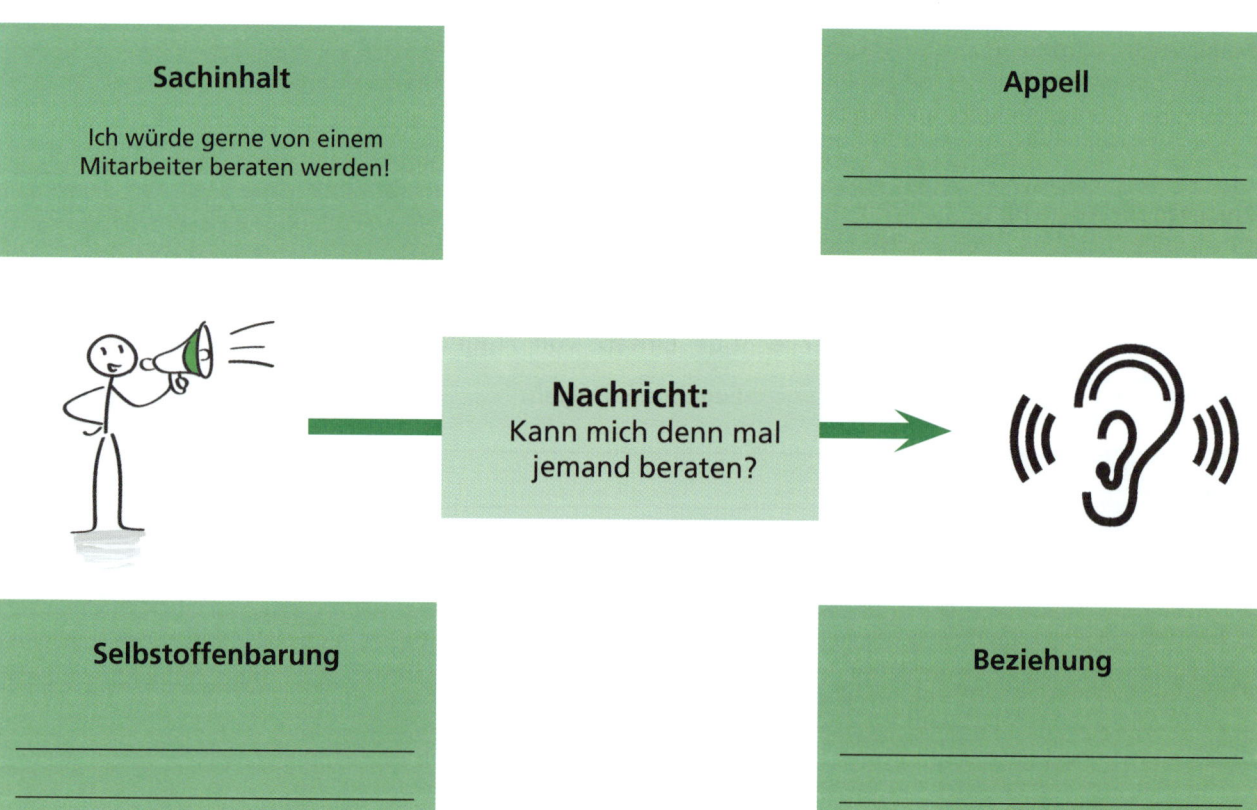

Sachinhalt

Ich würde gerne von einem Mitarbeiter beraten werden!

Appell

_____

_____

Nachricht:
Kann mich denn mal jemand beraten?

Selbstoffenbarung

_____

_____

Beziehung

_____

_____

Übung 1.1: Fragetechnik

a) Ordnen Sie die folgenden Fragetypen den aufgeführten Beispielen aus Gesprächssituationen mit Geschäftspartnern zu.

Offene Frage	Geschlossene Frage	Rhetorische Frage	Suggestive Frage

Beispiel	Fragetyp
„Welche Ansprüche haben Sie in Bezug auf die gesuchten Bürostühle?"	_____
„Wieso, werden Sie sich fragen, kann unser Unternehmen so schnell liefern? Das liegt ganz einfach an …"	_____
„Möchten Sie noch weitere Bestellungen machen?"	_____
„Wie kommt es zu den Lieferproblemen?"	_____
„Das ist doch sicher Ihr Geschmack, oder?"	_____
„Gefällt Ihnen die Farbe?"	_____

b) Wandeln Sie die folgenden geschlossenen Fragen in offene Fragen um.

Sind Sie mit dem Kundenservice der Primus GmbH zufrieden?	_____ _____
Sind Sie an unseren Produkten interessiert?	_____ _____
Haben Sie unsere Preise schon mit denen der Mitbewerber verglichen?	_____ _____
Gefällt Ihnen unser Angebot an Schreibtischen?	_____ _____
Brauchen Sie unsere Hilfe?	_____ _____

c) Erläutern Sie, welche Vorteile der richtige Einsatz von Fragetechnik in Gesprächssituationen mit Geschäftspartnern bringt.

_____

_____

_____

_____

_____

_____

_____

_____

Übung 1.2: Gesprächsförderer und Gesprächsblocker

Udo Heinen, der Außendienstmitarbeiter der Primus GmbH, trifft Lars Micklitz, den Verwaltungsleiter der Duisburger Krankenhaus GmbH auf der Büromöbelmesse. Die beiden kennen sich schon seit einigen Jahren aus Geschäftsbeziehungen.

Gespräch 1

Udo Heinen: *„Guten Tag, Herr Micklitz, wie geht es Ihnen?"*

Lars Micklitz: *„Mir geht's gut. Am letzten Wochenende war ich im Musical ‚The Don is back', war echt eine tolle Vorstellung!"*

Udo Heinen: *„Im Musical war ich noch nie, was soll ich da auch?"*

Lars Micklitz: *„Wir haben direkt vor der Bühne gesessen, die Vorstellung war total ausverkauft und die Stimmung im Saal war klasse."*

Udo Heinen: *„Ich habe schon seit Wochen Rückenprobleme. Das lange Sitzen im Auto. Ich bin froh, wenn ich endlich wieder fit bin und mal rauskomme."*

Lars Micklitz: *„Und anschließend haben wir mit Freunden noch richtig Party gemacht und sind im Buddy's gelandet. Eine echt edler Laden!"*

Udo Heinen: *„Na, ja …"*

Gespräch 2

Udo Heinen: *„Guten Tag Herr Micklitz, ich freue mich, Sie zu sehen. Wie geht es Ihnen?"*

Lars Micklitz: *„Danke für die Nachfrage. Mir geht's im Moment echt gut. Am Wochenende habe ich das Musical ‚The Don is back' besucht, das hatte ich mir schon lange vorgenommen – und es war klasse!"*

Udo Heinen: *„Das klingt gut. Ich würde mir auch gerne das Musical anschauen, alle schwärmen davon, scheint ja ständig ausverkauft zu sein. Die Stimmung war doch bestimmt toll?"*

Lars Micklitz: *„Grandios. Wir saßen direkt vor der Bühne, die besten Plätze."*

Udo Heinen: *„Das glaube ich. Bei so guten Plätzen muss das Ganze ja ein tolles Erlebnis werden. Haben Sie denn anschließend noch etwas gefeiert?"*

Lars Micklitz: *„Klar, ich bin noch mit Freunden im Buddy's gelandet – ist ein bisschen später geworden."*

Udo Heinen: *Buddy's?… Buddy's…? Das habe ich in letzter Zeit öfter gehört! Da soll es tolle Cocktails in chilliger Atmosphäre geben."*

Lars Micklitz: *„Genau so ist es! Wir haben lange gefeiert und viel Spaß gehabt. Das können Sie mir glauben."*

---

a) Vergleichen Sie die beiden Gespräche. Beurteilen Sie, welches Gespräch besser läuft, und begründen Sie Ihre Meinung.

_____

_____

_____

_____

_____

_____

_____

_____

_____

_____

b) Finden Sie mögliche Gsprächsförderer und Gesprächsblocker und listen Sie diese in der folgenden Tabelle auf.

Gesprächsförderer	Gesprächsblocker

c) Ordnen Sie die obigen Gespräche einer Form von Kommunikation mit Geschäftspartnern zu und erläutern Sie kurz die Bedeutung.

Form der Kommunikation mit Geschäftspartnern: _____

Bedeutung	

d) Das „Aktive Zuhören" wird in beruflichen Situationen als wichtige kommunikative Fähigkeit angesehen. Nennen Sie die wichtigsten Merkmale für diese gesprächsfördernde Verhaltensweise.

_____

_____

_____

_____

_____

_____

_____

_____

_____

_____

_____

_____

_____

_____

_____

_____

_____

_____

_____

_____

_____

_____

_____

_____

_____

Lernsituation 2: Sie führen Gespräche mit Geschäftspartnern am Telefon

Seit Beginn des Jahres annonciert die Primus GmbH in einer Fachzeitschrift für Einzelhändler aus der Bürobedarfsbranche. Aus diesem Grund häufen sich telefonische Anfragen von Kunden in der Abteilung Verkauf. Die Kunden möchten die Produkte der Primus GmbH bestellen oder unverbindlich beraten werden. Nicole Höver, die seit zwei Wochen im Verkauf eingesetzt wird, ist genervt. Sie führt lieber „Face to Face"-Gespräche mit den Geschäftspartnern und fühlt sich im Telefongespräch unsicher. Wieder einmal klingelt das Telefon. Nicole, die sich gerade mit einem Arbeitskollegen unterhält, nimmt das Gespräch erst nach dem sechsten Klingeln an.

Nicole Höver (leicht gereizte Stimmlage): *„Höver."*

Kunde (irritiert): *„Guten Tag, Jacobs am Apparat. Spreche ich mit einem Mitarbeiter der Primus GmbH?"*

Nicole Höver: *„Natürlich!"*

Kunde: *„Ich dachte schon, es geht keiner ans Telefon. Ich möchte gerne den Drehstuhl aus Ihrer Anzeige bestellen. Das ist ein tolles Angebot."*

Nicole Höver (kurze Pause): *„Ja?..."* (genervt, als der Kunde nicht sofort sagt, welchen Bürostuhl er bestellen will): *„Welches Modell denn?"*

Kunde: *„Den Bandscheiben-Drehstuhl Superstar."*

Nicole Höver (nachdrücklich und ungeduldig): *„Welche Stückzahl?"*

Kunde: *„Zehn Stück."*

Nicole: *„Okay, dann brauche ich noch Ihre Daten. Einen Moment, ich muss mir noch was zum Schreiben besorgen."*

Beschreibung und Analyse der Situation

Beschreiben Sie, wie sich der Kunde in dieser Gesprächssituation am Telefon gefühlt haben könnte.

_____

_____

_____

_____

_____

_____

_____

Listen Sie die Fehler auf, die Nicole Höver im Telefongespräch gemacht hat.

_____

_____

_____

_____

_____

_____

_____

_____

Finden Sie Gründe für Nicole Hövers Verhalten am Telefon.

_____

_____

_____

_____

Planen und durchführen

Machen Sie Verbesserungsvorschläge für Nicole Hövers Verhalten in der Gesprächssituation. Schreiben Sie dazu das misslungene Telefongespräch aus der Eingangssituation in ein kundenorientiertes Telefongespräch um. Nehmen Sie Ihre Ergebnisse in Form eines Hörspiels auf.

_____

_____

_____

_____

_____

_____

_____
_____
_____
_____
_____
_____
_____
_____
_____
_____
_____
_____
_____
_____
_____
_____
_____

Bewerten

Spielen Sie der Klasse Ihre Hörspiele vor. Geben Sie sich ein konstruktives Feedback. Berücksichtigen Sie dabei die Feedback-Regeln.

Stellen Sie gelungene Aspekte besonders heraus. Halten Sie wichtige Ergebnisse des Feedbacks in folgender Tabelle schriftlich fest.

Ich habe wahrgenommen/gehört, …	Damit erreicht man im Telefongespräch, …
… dass die Auszubildende das Gespräch mit der Nennung der Firma, des Namens und einer Begrüßungsformel begonnen hat.	… dass eine positive und persönliche Beziehung zum Gesprächspartner am Telefon aufgebaut wird.

Lernergebnisse sichern und vertiefen

Fassen Sie die wichtigsten Kriterien für eine erfolgreiche Gesprächsführung mit Geschäftspartnern am Telefon zusammen.

_____

_____

_____

_____

_____

_____

_____

_____

_____

_____

Übung 2.1: Gespräche in Videokonferenzen

a) Nennen Sie jeweils zwei Vor- und Nachteile für den beruflichen Einsatz von Videokonferenzen in Gesprächen.

Vorteile	Nachteile

b) Finden sie zuerst vier Beispiele für absolute „No-Gos" im Rahmen einer Videokonferenz mit Geschäftspartnern oder Mitarbeitern. Formulieren Sie im zweiten Schritt für jedes „No-Go" eine Regel für gelungene Gespräche in einer Videokonferenz.

Übung 2.2: Interkulturelle Besonderheiten berücksichtigen

Recherchieren Sie im Internet nationale/kulturelle Merkmale bzw. Besonderheiten im Geschäftsleben. Wählen Sie dazu ein Land aus – am besten eines, mit dem Ihr Ausbildungsbetrieb geschäftliche Kontakte unterhält. Wählen Sie zumindest vier Merkmale aus (z. B. erster Kontakt und Begrüßung/Small Talk/Verhandlungsverhalten/Konfliktverhalten/Geschäftsessen usw.), nach denen Sie die Gepflogenheiten des Landes beschreiben wollen. Skizzieren Sie in der Mitte des Blattes die Landesflagge. Tauschen Sie die unterschiedlichen Ergebnisse in der Klasse aus.

Merkmal: _____

Merkmal: _____

Merkmal: _____

_____
_____
_____
_____
_____
_____
_____
_____
_____
_____
_____
_____
_____

Merkmal: _____

_____
_____
_____
_____
_____
_____
_____
_____
_____
_____
_____
_____
_____

Lernsituation 3: Sie führen ein kundenorientiertes Beratungsgespräch

Andreas Dick ist schon etwas aufgeregt. Er wartet im „Showroom" der Primus GmbH auf seinen ersten „eigenen" Termin, weil sein Arbeitskollege Udo Heinen kurzfristig krank geworden ist. In dem neu eingerichteten Raum im Verwaltungsgebäude werden die aktuellen Produkte für die Büroeinrichtung und das Sortiment für Bürozubehör aufwendig präsentiert. Der Kunde Nils Rickmann, ein Bauunternehmer aus Dortmund, möchte für seine Mitarbeiter und Mitarbeiterinnen zehn hochwertige Bürostühle anschaffen. Andreas sortiert gerade noch Kataloge und Preislisten für das anstehende Beratungsgespräch, als Nils Rickmann leicht verspätet den Showroom betritt.

Andreas Dick: *„Hallo Herr Rickmann, da sind Sie ja endlich, wie kann ich Ihnen helfen?* (nervös, mustert Herrn Rickmann von oben nach unten)

_____
_____
_____
_____
_____
_____
_____

Kunde: *„Guten Tag, entschuldigen Sie die Verspätung! Das war echt eine lange Anreise, aber diese Autobahn ... Ich hatte Herrn Heinen schon informiert, ich bin auf der Suche nach neuen Bürostühlen für meine Mitarbeiter und Mitarbeiterinnen."*

Andreas Dick (schaut in Richtung der Stühle, lächelt unsicher): *„Welchen Bürostuhl aus unserem Programm haben Sie sich denn ausgesucht?"*

Kunde: *„Das weiß ich noch nicht, deshalb wollte ich mich ja hier beraten lassen."*

Andreas Dick: *„Unser Programm an Bürostühlen wird dort im hinteren Teil des Showrooms präsentiert, Sie können sich ja schon mal einen Eindruck verschaffen, ich komme gleich nach."* (Zeigt in Richtung der Bürostühle und sortiert seine Kataloge bzw. Preislisten noch weiter. Nach kurzer Zeit folgt er dem Kunden, der bereits vor den Bürostühlen steht.)
„Haben Sie denn eine Preisvorstellung?"

Kunde: *„Das kann ich nicht so genau sagen ... auf jeden Fall sollten es hochwertige Bürostühle sein!"*

Andreas Dick: *„Kein Problem, in den hohen Preislagen haben wir eine große Auswahl. Wollen Sie denn eher einen Bandscheiben-Drehstuhl oder einen klassischen Bürodrehstuhl?"*

Kunde: *„Worin besteht denn der Unterschied?"*

Andreas Dick: *„Das ist ganz einfach, ich zeige Ihnen das mal anhand dieser zwei Modelle."* (Stellt sich vor die Bürostühle und beginnt zu erklären): *„Dieser Bandscheiben-Drehstuhl hat eine hohe Sacral-Rückenlehne mit integrierter Lordosenstütze, Synchronmechanik und 7-Zonen-Taschenfederkern-Bandscheiben-Sitz ..."*

Als der Abteilungsleiter Verkauf/Marketing Josef Winkler 30 Minuten später in den Showroom kommt, sieht er, dass Andreas mit dem Kunden immer noch vor den Bürostühlen steht. Er bekommt das Ende des Verkaufsgesprächs mit.

Kunde: *„Ich danke Ihnen für diese umfangreichen Infos. Aber das muss ich erst einmal verdauen und kann das heute nicht entscheiden. Ich melde mich bei Ihnen."*

Andreas Dick: *„Okay, bis dann."*

Beschreibung und Analyse der Situation

Analysieren Sie das dargestellte Beratungsgespräch im Showroom der Primus GmbH. Kommentieren Sie in Stichworten das Verhalten und die Aussagen des Auszubildenden im vorliegenden Beratungsgespräch in der danebenstehenden Spalte. Betrachten Sie dabei auch Aspekte der Gesprächssettings.

Planen

Informieren Sie sich in Ihrem Lehrbuch über die Phasen eines Beratungsgesprächs und die Aspekte einer gründlichen Gesprächsvorbereitung. Notieren Sie dazu jeweils, was für eine erfolgreiche Umsetzung zu beachten ist.

Phasen eines Beratungsgesprächs	Merkmale einer erfolgreichen Umsetzung
Gesprächsvorbereitung	
Kontaktphase	
Analysephase/ Bedarfsermittlung	

Phasen eines Beratungsgesprächs	Merkmale einer erfolgreichen Umsetzung
Angebotsphase	
Abschlussphase	

Greifen Sie die Einstiegssituation auf und planen Sie in Kleingruppen die Durchführung eines gelungenen Beratungsgesprächs inkl. Gesprächsvorbereitung.

Rollenkarte Berater

Sie haben eine kundenorientierte Einstellung zu Beratungsgesprächen und sind sich bewusst, dass sich der Kunde in Ihrem Unternehmen wohlfühlen muss. Sie sind fachlich versiert und sich über die Chance klar, einen Geschäftsabschluss evtl. mit Zusatzverkäufen erzielen zu können.

Rollenkarte Kunde

Sie möchten hochwertige und langlebige Bürostühle für Ihre Angestellten. Sie haben hohe Krankenstände aufgrund von Rückenproblemen bei den Mitarbeitern im Büro, darum sind Sie bereit, für ein Produkt, das Sie überzeugt, einen höheren Preis zu zahlen. Zeitnah muss in Ihrem Bauunternehmen auch die Bestuhlung der Sozialräume erneuert werden.

Skizze Rollenspiel „Ein kundenorientiertes Beratungsgespräch führen"

Durchführen und bewerten

Einigen Sie sich in der Klasse auf fünf Kriterien für ein gelungenes Beratungsgespräch, die Ihnen ganz besonders wichtig erscheinen, und übernehmen Sie diese in den Beobachtungsbogen.

Beobachtungsbogen			
Ein kundenorientiertes Beratungsgespräch führen			
Achsennummer	**Beobachtungsmerkmal**	**Einzelbewertung**	**Gruppenbewertung**
1.			
2.			
3.			
4.			
5.			

Führen Sie die geplanten Rollenspiele durch.

Nach einer individuellen Bewertung bilden Sie in den Kleingruppen Durchschnittsnoten für die Erfüllung der festgelegten Kriterien. **Die Rollenspieler bilden dabei eine eigene Gruppe.** Gehen Sie von folgendem Bewertungsschlüssel aus:

	Beurteilungsskala Das Beobachtungsmerkmal wurde erfüllt …	
gar nicht		voll und ganz
① ② ③	④	⑤ ⑥

Entscheiden Sie, welches Gruppenmitglied die ausgewählten Kriterien und deren Bewertung präsentiert und kurz erläutert.

Ablauf der Auswertung des Rollenspiels mit der Spinnennetz-Methode
Alle Gruppen tragen ihre Ergebnisse in ein gemeinsames Spinnennetz ein, damit die Ergebnisse vergleichbar sind. Jede Gruppe hat dabei ihre eigene Farbe.

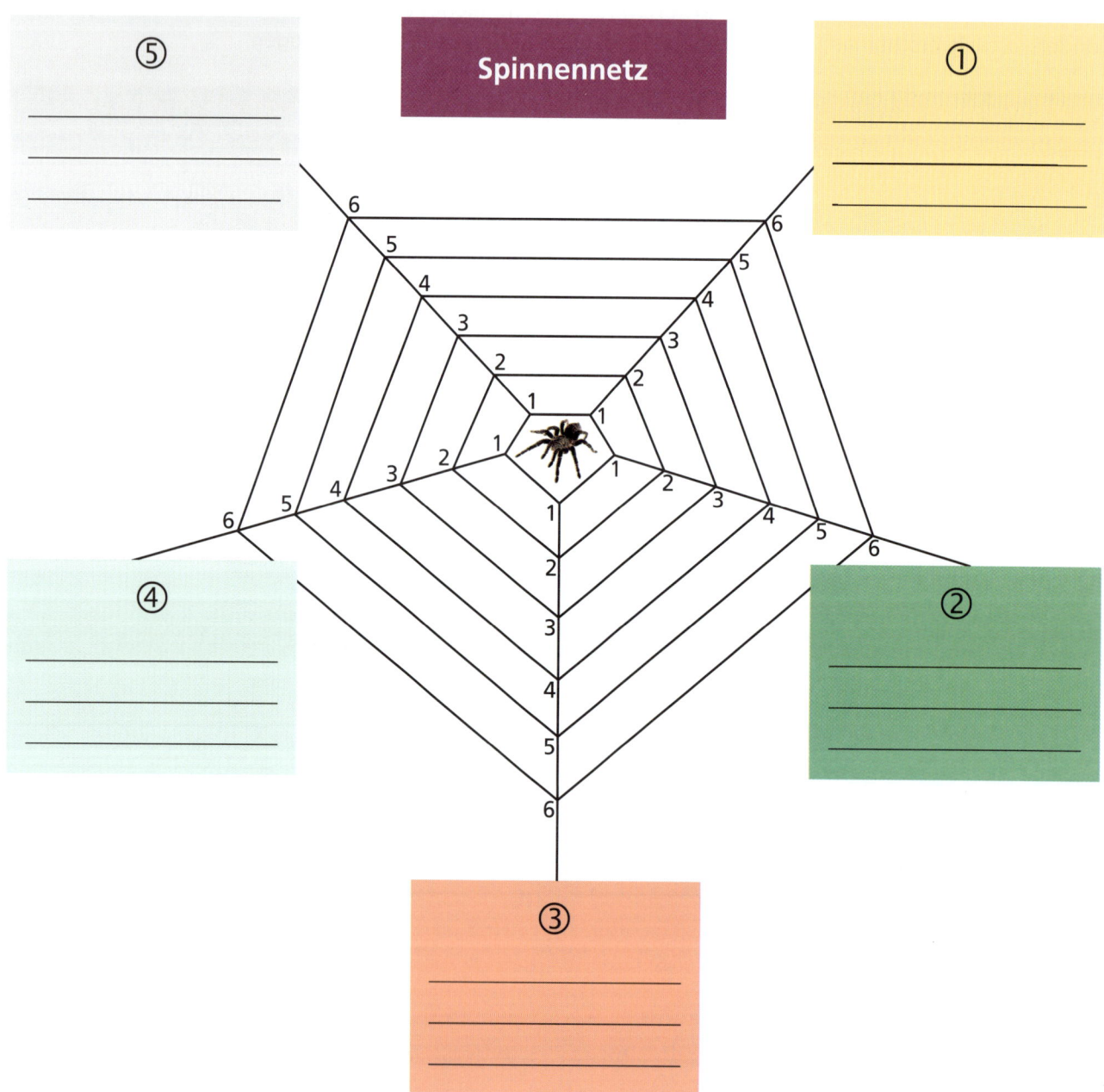

Lernergebnisse sichern und vertiefen

Das Verhalten des Beratungspersonals wird als wesentlicher Faktor für die kundenorientierte Ausrichtung eines Unternehmens angesehen. Dabei stehen folgende Ansprüche als Grundbedingung für die Gestaltung einer positiven Kundenbeziehung im Mittelpunkt:

Identifikation

Freundlichkeit

Höflichkeit

Ehrlichkeit

Formulieren Sie für jeden der vier genannten Punkte ein Beispiel mit Bezug zur Einstiegssituation.

Identifikation	Der Auszubildende Andreas Dick ist von den neuen Bandscheiben-Drehstühlen völlig begeistert. Er durfte ein Modell über mehrere Wochen an seinem Arbeitsplatz testen und ist von den Vorteilen des Produkts im „Praxistest" überzeugt.
Freundlichkeit	
Höflichkeit	
Ehrlichkeit	

Übung 3.1: Produkte in der Angebotsphase vorlegen

Nennen Sie vier Grundsätze der Warenvorlage und entwickeln Sie jeweils ein Beispiel für die praktische Umsetzung in einem Beratungsgespräch im Showroom der Primus GmbH.

Grundsatz	Beispiel
1. Den richtigen Zeitpunkt bei der Vorlage der Produkte wählen	Erst nachdem der Auszubildende Andreas Dick im Beratungsgespräch mit dem Bauunternehmer ermittelt hat, dass dieser für seine Büromitarbeiter einen hochwertigen Bürostuhl anschaffen möchte, der ergonomische Ansprüche erfüllt und die Belastungen des Rückens reduziert, zeigt er ihm den Bandscheiben-Drehstuhl Steifensand.
_____	_____
_____	_____
_____	_____

Übung 3.2: Einwände im Beratungsgespräch entkräften

Bearbeiten Sie die folgenden Einwände von Kunden in Beratungssituationen, in dem Sie zuerst Verständnis zeigen und anschließend den Einwand entkräftigen.

Kundeneinwand	1. Schritt: Verständnis signalisieren	2. Schritt: Einwand entkräftigen
Der Monitor ist mit 27 Zoll doch viel zu groß.	_____	_____
Leder ist als Bezugsmaterial doch sicher viel zu pflegeintensiv.	_____	_____

Lernsituation 4: Sie bearbeiten Kundenbeschwerden und Reklamationen

Andreas Dick, der derzeit in der Auftragsbearbeitung beschäftigt ist, unterhält sich mit Nicole Höver:

Andreas: *„Gestern habe ich von Herrn Berg so richtig Ärger bekommen, bloß weil so ein ätzender Kunde meinte, er könne sich über mich beschweren. Ich soll nicht freundlich gewesen sein am Telefon und hätte undeutlich gesprochen; dabei war er selbst total unfreundlich – Blödmann!"*

Nicole: *„Oh ja, das kenne ich auch aus unserer Verkaufsboutique. Kürzlich war eine gute Kundin da, die war echt sauer. Sie knallte mir einen unserer Anrufbeantworter auf den Tisch und meinte, der sei ja wohl „Schrott" und das wäre sie von uns nicht gewohnt, weil wir sonst nur qualitativ hochwertige Artikel hätten. Die anderen Kunden in der Boutique guckten schon. Und als ich mir den AB etwas näher angesehen habe, hatte ich den Verdacht, dass da Kaffee oder was Ähnliches reingelaufen ist."*

Andreas: *„Knifflige Situation. Was kostet denn der AB?"*

Nicole: *„79,90."*

Andreas: *„Und im Einkauf?"*

Nicole: *„Ich glaube, so knapp 55 €, aber warum fragst du das alles?"*

Beschreibung und Analyse der Situation

Beschreiben Sie, wie sich die an der Reklamationssituation beteiligten Personen in der Verkaufsboutique gefühlt haben. Tauschen Sie sich anschließend dazu mit Ihrem Tischnachbarn aus.

a) Die reklamierende Kundin:

_____

_____

_____

_____

_____

b) Die Auszubildende Nicole:

_____

_____

_____

_____

_____

c) Die anderen Kunden in der Boutique:

_____

_____

_____

_____

_____

_____

Beschreiben Sie kurz die verschiedenen Probleme, die Nicole in der Situation zu lösen hatte.

_____

_____

_____

_____

_____

_____

_____

_____

Planen und durchführen

Produzieren Sie einen Videofilm (oder ein „Hörspiel"), in dem Sie die Szene in der Verkaufsboutique nachspielen. Planen Sie die Behandlung der Reklamation entweder in der Variante, dass die Reklamation berechtigt ist, oder in der Variante, dass sie nicht berechtigt ist. Die nachfolgenden Arbeitsaufträge dienen der Vorbereitung auf die Produktion.

Halten Sie zunächst die Bedingungen für die berechtigte/unberechtigte Reklamation fest.

Eine Reklamation ist …	
… berechtigt, wenn …	… unberechtigt, wenn …

Erklären Sie die Rechte des Kunden für beide Varianten.

Der Kunde hat folgende Rechte ...	
... bei einer berechtigten Reklamation:	... bei einer unberechtigten Reklamation:

Beschreiben und begründen Sie ausführlich, wie Sie sich in der hier vorliegenden Situation als Verkäufer entscheiden würden, wenn sich die Reklamation als unberechtigt erweist: Die Kundin hat aus Versehen einen Kaffee über den Anrufbeantworter gekippt. Dennoch wünscht die Kundin einen neuen Anrufbeantworter als kostenlosen Ersatz.

Entscheiden Sie sich in Ihrer Gruppe für eine der beiden Varianten (berechtigte/unberechtigte Reklamation) und entwerfen Sie ein „Drehbuch". Dies soll in der einen Spalte die Schritte einer kundenorientierten Reklamationsbehandlung beschreiben und in der anderen Spalte die Beschreibung der Umsetzung in der konkreten Situation.

Schritte bei der Reklamationsbehandlung	Umsetzung in der Situation (= Drehbuch)

Schritte bei der Reklamationsbehandlung	Umsetzung in der Situation (= Drehbuch)

Zeichnen Sie nun die Reklamationsbehandlung als Video- oder als Audiodatei auf.

Bewerten

Tauschen Sie mit einer weiteren Gruppe Ihre Arbeitsergebnisse (Film/Audiodatei) aus. Schauen oder hören Sie sich das jeweils andere Ergebnis an. Halten Sie Stärken in den „Reklamationsgesprächen", aber auch Verbesserungsvorschläge schriftlich fest. Geben Sie den jeweils anderen Gruppen mithilfe Ihrer Aufzeichnungen ein konstruktives Feedback.

Stärken des Gesprächs:

_____

_____

_____

_____

Verbesserungsvorschläge:

_____

_____

_____

_____

_____

_____

Lernergebnisse sichern und vertiefen

Beschreiben Sie die Ziele, die mit einem professionellen Beschwerdemanagement verbunden sind.

_____

_____

_____

_____

_____

_____

_____

_____

_____

Unterscheiden Sie die Prozesse des „direkten" und des „indirekten" Beschwerdemanagements.

Aufgaben im Beschwerdemanagementprozess

Übung 4.1: Konflikte unterscheiden

Beschreiben Sie Beispiele aus Ihrem Berufs- oder Privatleben für die unterschiedlichen Konflikte. Tauschen Sie sich mit Ihrem Tischnachbarn aus, welcher dieser Konflikte für Sie besonders bedeutsam war oder ist.

Konflikte – unterschieden nach den Beteiligten		
Vertragsparteien	**Vorgesetzte/r – Mitarbeiter/-in**	**Mitarbeiter untereinander**

Konflikte – unterschieden nach der Ursache		
Schlechte Gesprächsbedingungen	**Schwierige Gesprächspartner**	**Die eigene Gesprächsbereitschaft**

Übung 4.2: Mit schwierigen Gesprächspartnern umgehen

Sicher haben Sie in Ihrem privaten und/oder beruflichen Umfeld Menschen, die man als „schwierige Gesprächspartner" typisieren könnte: „Besserwisser"/„Arrogante"/„Vielredner"/„Aggressive"/„Schweiger". Beschreiben Sie Ihren bisherigen Umgang mit zwei dieser Personen. Diskutieren Sie dann mit Ihrem Tischnachbarn eine alternative Umgangsweise mit diesen Menschen, die Sie zukünftig einmal erproben wollen.

Gesprächspartner 1: _____	Gesprächspartner 2: _____
Typ: _____	Typ: _____
Mein bisheriger Umgang:	Mein bisheriger Umgang:
Was ich alternativ machen könnte:	Was ich alternativ machen könnte:

Lernsituation 5:   Sie führen Konfliktgespräche

Andreas Dick ist ratlos: Soeben hat er das Telefonat mit Frau Straub von der Krankenhaus GmbH Duisburg durch Auflegen einfach abgebrochen. Frau Straub war sehr unfreundlich und wollte gar nicht mit ihm als „irgendeinem Mitarbeiter" sprechen, sondern nur mit seinem Vorgesetzten, Herrn Berg, oder noch höheren Stellen. Dieses überaus arrogante Verhalten der Kundin hat ihn so geärgert, dass er fast die Fassung verloren hätte – durch das Auflegen wollte er Schlimmeres verhindern.

Nun fragt er sich, was er tun soll. In diesem Moment kommt Katharina Koslowski, ebenfalls aus der Auftragsbearbeitung zu ihm. Andreas erzählt ihr die Situation und fragt um Rat.

Frau Koslowski:	*„Du musst auf jeden Fall gleich zurückrufen. Dann schwindelst du was von einem Zusammenbruch der Telefonanlage vor. Auf keinen Fall solltest du vor dem Konflikt fliehen und jetzt nichts mehr tun!"*
Andreas:	*„Okay. Und dann?"*
Frau Koslowski:	*„Dann rate ich dir, das Problem an Herrn Berg zu delegieren; der kann das mit Frau Straub regeln."*
Andreas:	*„Gibt es nicht noch eine andere Strategie? Bei Herrn Berg bin ich ohnehin wegen einer Kundenbeschwerde schon etwas in Ungnade geraten."*
Frau Koslowski:	*„Dann solltest du einen Kompromiss ansteuern, das ist nicht ganz einfach, aber auch nicht unmöglich."*

Beschreibung und Analyse der Situation

In der Situation werden drei Strategien zur Lösung von Konflikten angesprochen. Beschreiben Sie diese in der nachstehenden Tabelle.

Neben diesen gibt es noch drei weitere Strategien zur Konfliktlösung. Beschreiben Sie auch diese kurz und begründen Sie, wie diese in der vorliegenden Situation aussehen würden.

Planen

Planen Sie die Simulation eines Telefonats zwischen Andreas und der Kundin.

a) Zur Vorbereitung sollten Sie sich die Positionen der beiden Gesprächspartner verdeutlichen. Wie ist die emotionale Ausgangslage und welches Ziel verfolgen Sie?

_____
_____
_____
_____
_____
_____
_____
_____
_____
_____
_____
_____
_____

b) Beschreiben Sie, welche Kompromisslösung Andreas in diesem Falle ansteuern könnte.

_____
_____
_____
_____
_____
_____
_____
_____

c) Strukturieren Sie das Gespräch aus Andreas' Perspektive vor. Sie können das in Form einer Beschreibung machen oder auch in wörtlicher Rede aufschreiben, was Andreas sagen sollte.

Einstieg:

_____
_____
_____
_____

Hauptteil:

_____
_____
_____
_____
_____

Schluss:

_____

_____

_____

_____

Durchführen und bewerten

Finden Sie sich in Gruppen mit zwei oder drei Paaren zusammen. Simulieren Sie das von Ihnen geplante Gespräch in der Gruppe und geben Sie sich gegenseitig Feedback. Halten Sie das Feedback, welches Sie erhalten haben, hier fest:

_____

_____

_____

_____

_____

_____

_____

_____

_____

Lernergebnisse sichern und vertiefen

Stellen Sie die vier Stufen der „Gewaltfreien Kommunikation" dar und übertragen Sie sie auf die hier vorliegende Situation, indem Sie mögliche Äußerungen von Andreas gegenüber der Kundin festhalten.

Stufe	Beispiel: Andreas und die Kundin Frau Straub

Aufgaben zur Prüfungsvorbereitung

1. Mittels Körpersprache ist es möglich, das Vertrauen des Kunden zu gewinnen. Welche der folgenden Signale können Ihnen dabei helfen?

    1. ungepflegtes Äußeres
    2. ein freundliches Lächeln
    3. ein selbstbewusstes Auftreten
    4. Blickkontakt aufbauen
    5. lässige Körperhaltung   Antwort: [   ]

2. Welche beiden Fragen würden Sie stellen, um einen Kundenwunsch zu ermitteln, wenn der Kunde einen konkreten Wunsch Ihnen gegenüber geäußert hat?

    1. Kunde: „Ich suche etwas zum Anziehen.“
       Verkäufer (Sie): „Was suchen Sie denn genau?“
    2. Kunde: „Ich suche eine Jacke.“
       Verkäufer (Sie): „Für welchen Zweck soll die Jacke denn sein?“
    3. Kunde: „Ich suche einen 3-D-Fernseher.“
       Verkäufer (Sie): „Welche Größe soll der Fernseher denn haben?“
    4. Kunde: „Ich suche ein Geschenk.“
       Verkäufer (Sie): „Was für ein Geschenk suchen Sie denn?“   Antwort: [   ]

3. Bringen Sie die fünf Stufen eines Konfliktgesprächs in die richtige Reihenfolge, indem Sie die Ziffern von 1 bis 5 rechts neben den aufgelisteten Stufen eintragen.

    Situationsanalyse   [   ]

    Lösungsversuche   [   ]

    Abschluss   [   ]

    Vereinbarung   [   ]

    Gesprächseröffnung   [   ]

4. Welche der folgenden Fragen versteht man als sogenannte Alternativfrage?

    1. Suchen Sie einen bestimmten Drucker?
    2. Für was benötigen Sie den Drucker denn?
    3. Möchten Sie farbige Ausdrucke oder schwarz-weiße Ausdrucke?
    4. Darf es der Drucker von der Firma Musterdruck GmbH sein?   Antwort: [   ]

5. Welche der folgenden Fragen kann man als positive Suggestivfrage einordnen?

    1. Was gefällt Ihnen denn an dieser Qualität nicht?
    2. Wie wichtig ist Ihnen Qualität?
    3. Sie legen doch sicher auch großen Wert auf Qualität?
    4. Was verstehen Sie unter Qualität?   Antwort: [   ]

6. Zu Reklamationen kommt es, wenn der Ist-Zustand einer gekauften Leistung nicht der Soll-Vorstellung des Kunden entspricht. Welche der folgenden Aussagen sollten im Rahmen eines Reklamationsgesprächs gegenüber dem Kunden nicht fallen?

    1. Sie sind der Erste, der das sagt.

    2. Haben Sie die Betriebsanleitung gelesen?

    3. Es tut mir leid.

    4. Andere müssen auch warten.

    5. Versprechen kann ich nichts, ich werde es mal weiterleiten.

    6. Wir werden sicherlich eine einvernehmliche Lösung finden.

    7. Das kann jeder sagen, das kann nicht stimmen.

    8. Da kann man leider nichts machen.   Antwort: ☐

7. Listen Sie sechs Gesprächsregeln auf, die in einem Kundengespräch beachtet werden sollen.

_____

_____

_____

_____

_____

_____

_____

_____

_____

_____

_____

_____

_____

_____

_____

_____

8. In Gesprächen mit Lieferanten und Kunden werden Sie als Gesprächspartner in Ihrer gesamten Erscheinung wahrgenommen. Ihr „Gesamtbild" entsteht durch das Zusammenspiel von Gestik, Mimik, Blick, Körperhaltung und Körperdistanz.
Welcher der folgenden Aussagen ist **nicht** zuzustimmen?

    1. Die Mimik sollte konzentriert, lebendig und natürlich sein.

    2. Unruhige und abschweifende Blicke vermitteln den Eindruck von Unsicherheit und Desinteresse.

    3. Eine aufrechte und ungezwungene Haltung wirkt natürlich und positiv.

    4. Fahrige und unruhige Handbewegungen vermitteln dem Gesprächspartner die Wichtigkeit des Gesprächsinhalts.

    5. Gesprächspartner beurteilen sich gegenseitig nach äußeren Merkmalen. Deshalb sollte auch auf die nonverbale Kommunikation geachtet werden.   Antwort: ☐

9. Beschreiben Sie das „Vier-Ohren-Modell" und unterscheiden Sie in dem Zusammenhang die Sachebene und die Beziehungsebene.

_____

_____

_____

_____

_____

_____

_____

_____

_____

_____

_____

_____

_____

_____

_____

Lernsituation 1: Sie führen die Personalbestandsanalyse und die Personalbedarfsplanung für die Primus GmbH durch

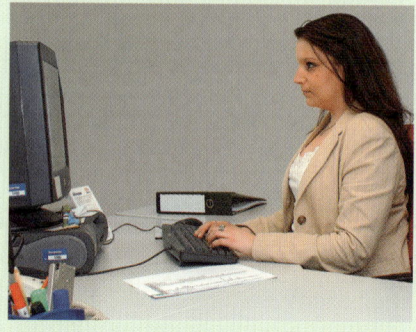

Die Auszubildende Nicole Höver ist im Moment in der Gruppe Personal bei der Primus GmbH eingesetzt. Einige Mitarbeiter/-innen verlassen die Primus GmbH aus verschiedenen Gründen. Andere wiederum kehren zur Primus GmbH zurück oder beginnen ihr Arbeitsverhältnis. Insgesamt hat die Geschäftsleitung der Primus GmbH einen Soll-Personalbestand von 44 Mitarbeiter/-innen festgelegt. Die Gruppenleiterin Personal, Frau Ost, bittet Nicole Höver, sie bei der Personalbestandsanalyse und der Personalbedarfsplanung in der Primus GmbH für das kommende Kalenderjahr zu unterstützen. Zur Durchführung der Personalbestandsanalyse und der Personalbedarfsplanung gibt Frau Ost Nicole Höver folgende Informationen an die Hand. Nun ist es an der Zeit, dass Nicole Höver mit der Arbeit beginnt.

Sehr geehrte Frau Höver,

bitte werten Sie für die Personalbestandsanalyse die Personaldaten der Primus GmbH aus. Ich benötige die Geschlechterverteilung, die Altersstruktur und die Betriebszugehörigkeit in unserem Unternehmen.

Zur Durchführung der Personalbedarfsplanung für das kommende Jahr stelle ich Ihnen folgende Informationen zur Verfügung:

- Frau Steffi Spohr (Abteilung Verwaltung im Bereich Sekretariat tätig) beginnt im Dezember 20XX ihren Mutterschutz.
- Frau Simone Norm (zuvor in der Abteilung Verkauf/Marketing, Gruppe Auftragsbearbeitung, im Bereich Bürogestaltung tätig) beendet zum Ende des Jahres ihren Mutterschutzurlaub.
- Die befristeten Arbeitsverträge von Doris Hahn (Abteilung Verwaltung, Gruppe Rechnungswesen, Tätigkeit als Lohnbuchhalterin) und Katharina Koslowski (Abteilung Verkauf/Marketing, Gruppe Auftragsbearbeitung, im Bereich Bürogestaltung tätig) laufen zum Ende des Jahres aus.
- Gerd Buderbach (Abteilung Einkauf, Gruppe Werkstoffe, Tätigkeit als Einkäufer für Holz/Furniere) und Paul Schneiders (Abteilung Lager, Gruppe Logistik/Warenannahme, Tätigkeit als Lagerist) gehen Ende des Jahres in Rente.
- Frau Isabel Lapp (Abteilung Verwaltung, Gruppe Rechnungswesen, Tätigkeit als Finanzbuchhalterin) wurde zum 31.12.20XX gekündigt.
- Die Auszubildenden Petra Jäger (zuletzt in der Abteilung Verwaltung tätig) und Georgios Paros (zuletzt im Einkauf tätig) werden im November 20XX die Prüfung zur/zum Kauffrau/ -mann für Büromanagement ablegen. Die Geschäftsführung der Primus GmbH beabsichtigt, die beiden Auszubildenden nach bestandener Prüfung zunächst einmal in ein befristetes Arbeitsverhältnis zu übernehmen. Frau Jäger soll in der Abteilung Verwaltung im Sekretariat und Herr Paros in der Abteilung Einkauf, Gruppe Werkstoffe, als Einkäufer für Holz/Furniere eingestellt werden.
- Bernd Grauer und Kai Manzig kehren Ende des Jahres aus dem Freiwilligen Wehrdienst zurück in die Primus GmbH. Zuletzt waren Herr Grauer als Lohnbuchhalter in der Abteilung Verwaltung, Gruppe Rechnungswesen, und Herr Manzig in der Abteilung Lager, Gruppe Logistik/Warenannahme, als Fachlagerist tätig. Wegen des Arbeitsschutzgesetzes ist ein Wehrdienstleistender nach seinem Einsatz wieder in das Unternehmen zu integrieren.

Mit freundlichen Grüßen

Ina Ost
Gruppenleiterin Personal

Beschreibung und Analyse der Situation

Erläutern Sie zwei mögliche Konsequenzen für die Primus GmbH, wenn keine gründliche Personalplanung erfolgt.

_____

_____

_____

_____

_____

_____

Planen und durchführen

Erstellen Sie für die folgenden Personaldaten der Primus GmbH jeweils ein Säulendiagramm mithilfe einer Tabellenkalkulationssoftware hinsichtlich Geschlechterverteilung, Altersstruktur[1] sowie Betriebszugehörigkeit[2] und übertragen Sie anschließend die Ergebnisse in Ihr Arbeitsheft.

Name	Vorname	Anrede	Alter	Betriebszugehörig-keit in Jahren
Primus	Sonja	Frau	56	32
Müller	Markus	Herr	50	15
Braun	Svenja	Frau	36	18
Wieß	Thomas	Herr	61	31
Konski	Helga	Frau	63	19
Nolte	Jörg	Herr	49	22
Bruderbach	Gerd	Herr	40	16
Rost	Sabine	Frau	58	36
Zolling	Petra	Frau	62	34
Cremer	Marc	Herr	48	30
Patt	Peter	Herr	53	31
Schmitt	Arno	Herr	56	19
Schneiders	Paul	Herr	61	12
Jung	Walter	Herr	62	27
Alt	Siegfried	Herr	30	12
Holl	Helmut	Herr	49	30
Schumacher	Michael	Herr	45	23
Fischer	Sven	Herr	53	29
Zalotti	Enrico	Herr	42	4

---

[1] In der Primus GmbH war es bislang üblich, folgende Altersgruppen zusammenzufassen: 20 bis 30 Jahre, 31 bis 40 Jahre, 41 bis 50 Jahre, 51 bis 60 Jahre und über 60 Jahre.

[2] Als Stufen nehmen Sie bitte: bis 5 Jahre, 6 bis 10 Jahre, 11 bis 15 Jahre, 16 bis 20 Jahre, 21 bis 25 Jahre, 26 bis 30 Jahre, 31 bis 35 Jahre und über 35 Jahre.

Name	Vorname	Anrede	Alter	Betriebszugehörig-keit in Jahren
Müller	Sabine	Frau	55	18
Erb	Sigrid	Frau	45	27
Ost	Jürgen	Herr	60	28
Üstün	Mustafa	Herr	57	39
Wessling	Horst	Herr	45	26
Winkler	Josef	Herr	59	22
Hack	Armin	Herr	62	22
Klein	Dorothea	Frau	55	35
Heinen	Udo	Herr	32	13
Berg	Rene	Herr	52	22
Sommer	Elke	Frau	56	29
Koslowski	Katharina	Frau	49	26
Krazek	Miroslav	Herr	24	4
Schiffer	Claudia	Frau	51	24
Berg	Sabine	Frau	62	40
Klein	Gisela	Frau	63	23
Spohr	Steffi	Frau	57	37
Ost	Ina	Frau	48	28
Ganser	Nicole	Frau	34	7
Schubert	Heinz	Herr	64	30
Lapp	Isabel	Frau	38	2
Hahn	Doris	Frau	62	39
Braun	Elke	Frau	37	6
Zimmer	Karl	Herr	30	10
Öztürk	Cihangir	Herr	59	37

Geschlechterverteilung der Primus GmbH:

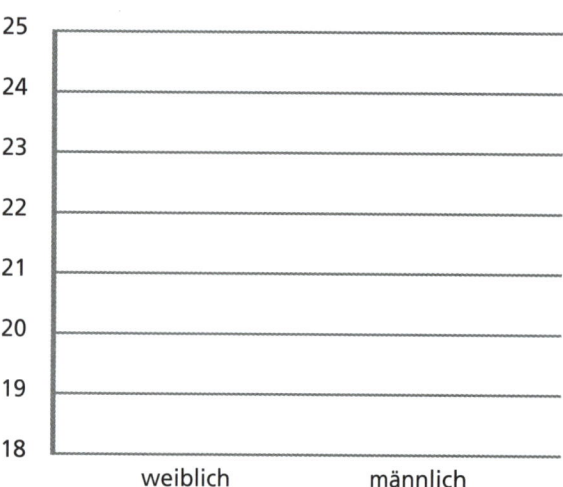

Altersstruktur:

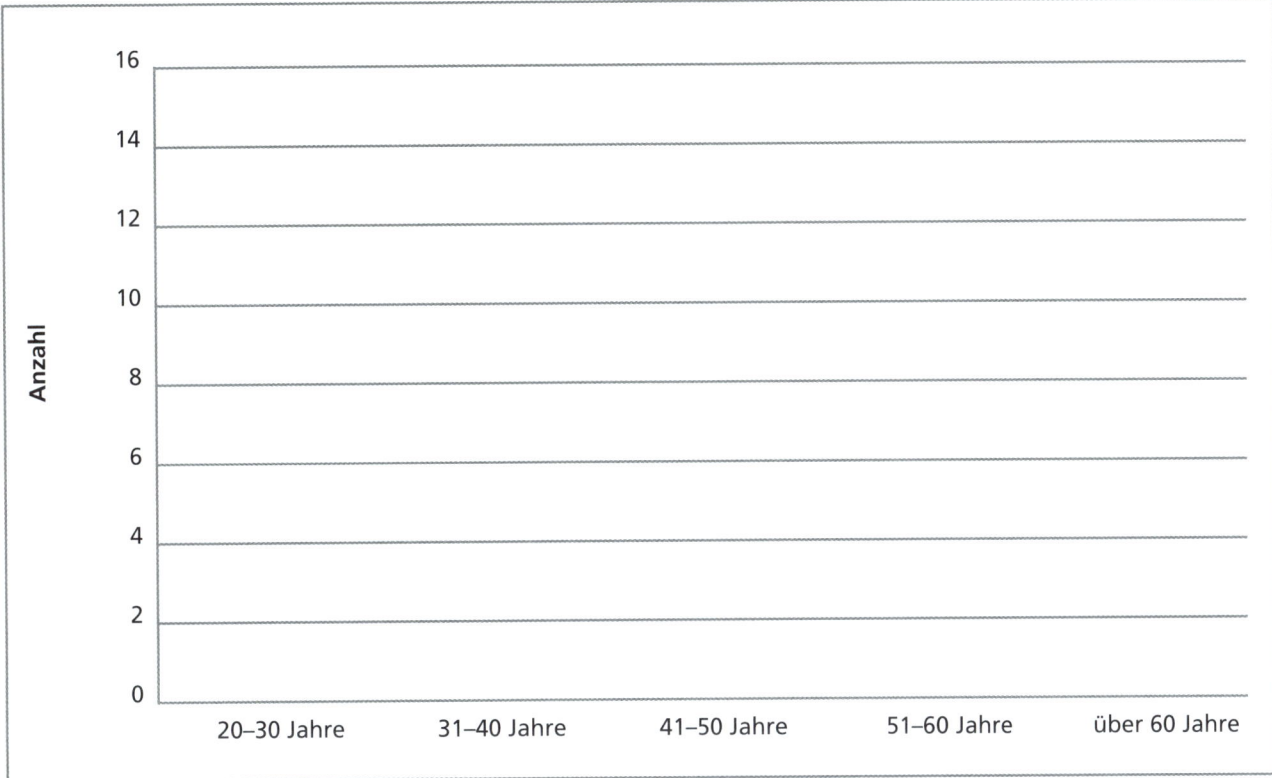

Betriebszugehörigkeit:

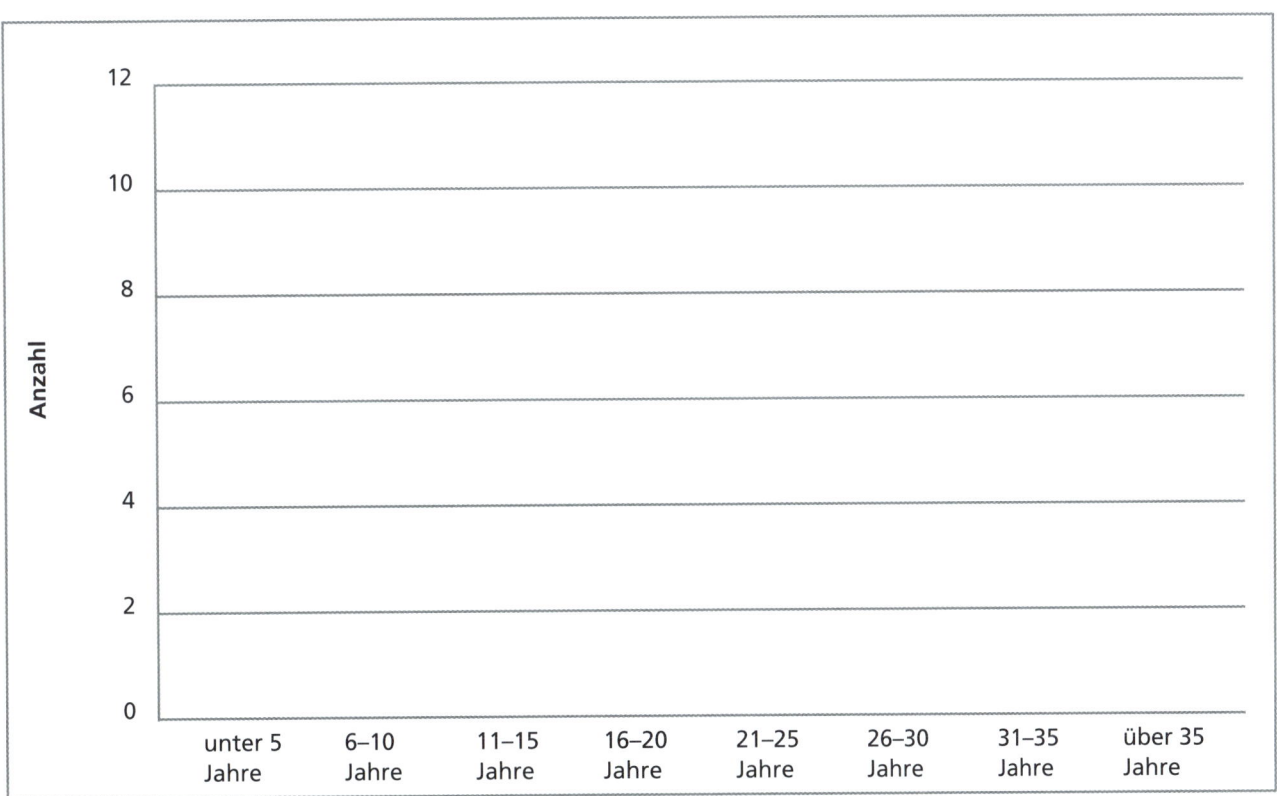

Interpretieren Sie die drei Diagramme und leiten Sie Handlungsempfehlungen für zukünftige Stellenbesetzungen für die Primus GmbH ab.

_____

_____

_____

_____

_____

_____

_____

_____

_____

Führen Sie mithilfe des bestehenden Organigramms der Primus GmbH (Seite 11 Ihres Lehrbuches), den vorher aufgeführten Informationen der Personalabteilung bezüglich Personalzugängen und Personalabgängen und der zur Verfügung gestellten Tabelle die Personalbedarfsplanung für die Primus GmbH durch.

Personalbedarfsplanung 20XX (Stellenplanmethode)					
		Soll-Bestand	Ist-Bestand	Diffe-renz	Notizen für Veränderungen
Abteilung Geschäftsleitung					
Stellenart	**Gewünschte Berufsausbildung**				
Geschäftsführer	Dipl. Kauffrau/-mann oder Dipl. Betriebswirt/-in	2			_____ _____
Assistent/-in der Geschäftsleitung	Betriebswirt/-in	1			_____ _____
Umweltbeauftragter	Kauffrau/-mann für Büromanagement	1			_____ _____
Abteilung Einkauf					
Stellenart	**Gewünschte Berufsausbildung**				
Abteilungsleiter/-in	Kauffrau/-mann für Büromanagement	1			_____ _____
Gruppenleiter/-in Werkstoffe	Kauffrau/-mann für Büromanagement	1			_____ _____
Mitarbeiter/-in Holz/Furniere	Kaufmännische Ausbildung	1			_____ _____
Mitarbeiter/-in Metall	Kaufmännische Ausbildung	1			_____ _____
Mitarbeiter/-in Postermaterial	Kaufmännische Ausbildung	1			_____ _____
Gruppenleiter/-in Handelswaren, Einrichtungsberatung	Kauffrau/-mann für Büromanagement	1			_____ _____

Personalbedarfsplanung 20XX (Stellenplanmethode)					
		Soll-Bestand	Ist-Bestand	Diffe-renz	Notizen für Veränderungen
Abteilung Lager					
Stellenart	**Gewünschte Berufsausbildung**				
Abteilungsleiter/-in	Kauffrau/-mann für Büromanagement	1			_____ _____
Gruppenleiter/-in Logistik/Warenannahme	Fachkraft für Lagerlogistik	1			_____ _____
Mitarbeiter/-in Logistik/Warenannahme	Fachlagerist/-in	3			_____ _____
Gruppenleiter/-in Versand/Warenausgabe	Fachkraft für Lagerlogistik	1			_____ _____
Gruppenleiter/-in Fuhrpark	Kraftfahrer Klasse 2	1			_____ _____
Abteilung Produktion					
Stellenart	**Gewünschte Berufsausbildung**				
Abteilungsleiter/-in	Meister/-in hanwerkliche Ausbidung	1			_____ _____
Mitarbeiter/-in	Handwerkliche Ausbildung, Fachlagerist	6			_____ _____
Abteilung Verkauf/Marketing					
Stellenart	**Gewünschte Berufsausbildung**				
Abteilungsleiter/-in	Werbekauffrau/-mann	1			_____ _____
Gruppenleiter/-in Absatzlogistik	Kauffrau/-mann im Großhandel	1			_____ _____
Gruppenleiter/-in Außendienst	Kauffrau/-mann im Großhandel	1			_____ _____
Mitarbeiter/-in Außendienst	Kfm. Ausbildung	1			_____ _____
Gruppenleiter/-in Auftragsbearbeitung	Kauffrau/-mann im Großhandel	1			_____ _____
Mitarbeiter/-in Auftragsbearbeitung	Kfm. Ausbildung	3			_____ _____
Gruppenleiter/-in Marketing	Kauffrau/-mann im Großhandel	1			_____ _____
Verkaufsboutique	Auszubildende	Muss nicht geplant werden, weil sie mit Auszubildenden besetzt wird.			

Personalbedarfsplanung 20XX (Stellenplanmethode)		Soll-Bestand	Ist-Bestand	Diffe-renz	Notizen für Veränderungen
Abteilung Verwaltung/Ausbildung					
Stellenart	**Gewünschte Berufsausbildung**				
Abteilungsleiter/-in	Prakt. Betriebswirt/-in	1			
Gruppenleiter/-in Sekretariat	Kfm. Ausbildung	1			
Mitarbeiter/-in	Kfm. Ausbildung	1			
Gruppenleiter/-in Personal	Personalfachwirt/-in	1			
Mitarbeiter/-in	Kfm. Ausbildung	1			
Gruppenleiter/-in Rechnungswesen	Bilanzbuchhalter/-in	1			
Mitarbeiter/-in Rechnungswesen	Kfm. Ausbildung	4			
Gruppenleiter/-in PC- und Netzwerk-betreuung	Informatiker/-in	1			
Summe insgesamt	**Mitarbeiter/-in**	**44**			

Treffen Sie eine begründete Empfehlung für die zu besetzenden freien Stellen.

Ihre Empfehlung für das weitere Vorgehen bezüglich der zu besetzenden Stellen:

_____

_____

_____

_____

_____

_____

_____

_____

_____

_____

_____

_____

_____

Formulieren Sie stichpunktartig sieben Anforderungen der vakanten Stelle hinsichtlich der notwendigen Qualifikationen. Leiten Sie Ihren Vorschlag an die Gruppenleiterin Personal, Frau Ost, weiter.

Anforderungen der vakanten Stellen hinsichtlich Qualifikationen:

_____

_____

_____

_____

_____

_____

_____

_____

_____

_____

_____

_____

Bewerten und reflektieren

Gehen Sie mit einer anderen Gruppe zusammen und bilden Sie aus dieser Gruppe wieder zwei neue Gruppen, in denen jeweils Vertreterinnen/Vertreter der alten Gruppen sind.

Stellen Sie sich nun gegenseitig Ihre unterschiedlichen begründeten Empfehlungen hinsichtlich der Personalbesetzung in der Primus GmbH vor. Ergänzen und korrigieren Sie Ihre Ergebnisse, falls notwendig.

Lernergebnisse sichern und vertiefen

Die Geschäftsleiter der Primus GmbH, Frau Primus und Herr Müller, haben beschlossen, dass in der Abteilung Verwaltung ein neuer Mitarbeiter bzw. eine neue Mitarbeiterin als Finanzbuchhalter/-in als Nachfolger/-in von Frau Lapp für die Gruppe Rechnungswesen eingestellt werden soll.

Die Gruppenleiterin Personal, Frau Ost, beauftragt Sie damit, die Anforderungen, welche an die neu zu besetzende Stelle gestellt werden, im Rahmen einer Stellenbeschreibung festzulegen. Füllen Sie die folgende Stellenbeschreibung aus.

Stellenbeschreibung		
Unternehmen: Primus GmbH	Kostenstelle: 7834/1	Stellennummer: 1

Stellenbezeichnung:

_____

1. Stelleneinordnung:

Unmittelbar übergeordnete Stelle: _____

Unmittelbar untergeordnete Stelle: _____

2. Stellenaufgabe:

Ihr Tätigkeitsbereich umfasst:

_____
_____
_____
_____
_____
_____
_____
_____

3. Stellenziel:

_____
_____

3. Stellenanforderungen:

Vorbildung

_____
_____

Berufserfahrung

_____
_____

Kenntnisse

_____
_____
_____
_____
_____

Eigenschaften

_____
_____
_____
_____
_____
_____
_____

Beschreiben Sie alle Arbeitsschritte, welche bei der Lösung der Personalbedarfsplanung angefallen sind.

Arbeitsschritte bei der Personalbedarfsplanung	
1. Schritt:	Ermittlung des Soll-Personalbestands bezogen auf die einzelnen Abteilungen bzw. Stellen
2. Schritt:	
3. Schritt:	
4. Schritt:	
5. Schritt:	
6. Schritt:	
7. Schritt:	Weiterleitung an die Abteilungsleitung, Entscheidung interne oder externe Personalbeschaffung, ggf. Beginn des Einstellungsverfahrens und Erstellung einer Stellenanzeige usw.

Übung 1.1: Einflussfaktoren beim Personalbedarf

1 Nennen Sie vier Faktoren, die einen Einfluss auf den Personalbedarf eines Unternehmens haben.

_____

_____

_____

_____

_____

2 Beschreiben Sie die folgenden Grafiken.

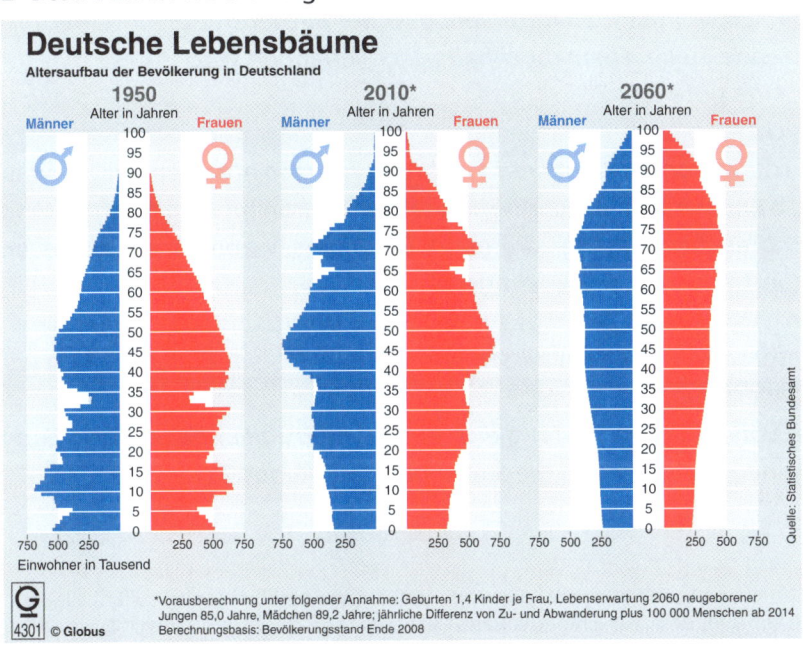

_____

_____

_____

_____

_____

_____

_____

_____

_____

_____

_____

_____

_____

_____

_____

_____

_____

_____

Übung 1.2: Interne und externe Personalbeschaffung

Um über die zu besetzende Stelle „Finanzbuchhalter/-in" zu sprechen, bittet die Abteilungsleiterin Verwaltung/Ausbildung Frau Berg die Gruppenleiterin Personal Frau Ost zu sich ins Büro. (Hinweis: Siehe auch Eingangsszenario.)

Frau Ost: *„Guten Morgen, Frau Berg. Sie wollten mich sprechen?"*

Frau Berg: *„Guten Morgen, Frau Ost. Ja, ich wollte Ihnen mitteilen, dass der Betriebsrat die interne Ausschreibung für die zu besetzende Stelle ‚Finanzbuchhalter/-in' verlangen wird.[1]"*

Frau Ost: *„Halten Sie das wirklich für eine gute Idee?"*

Frau Berg: *„Aber natürlich. Sie denn nicht?"*

Frau Ost: *„Ehrlich gesagt, ich halte nichts davon. Nach meiner Erfahrung führt so etwas immer zu einer gewissen Betriebsblindheit, wenn wir zu häufig intern besetzen. So kommt kein frischer Wind in unser Unternehmen. Den brauchen wir aber dringend. Besonders, wenn Sie die aktuellen Daten unserer Personalbestandsanalyse berücksichtigen."*

Frau Berg: *„Da mögen Sie recht haben. Aber wissen Sie, was für ein Ei wir uns da ins Nest legen, wenn wir extern besetzen? Bei unseren Mitarbeitern wissen wir, woran wir sind. Zudem zahlen wir keinen Cent für die Personalwerbung."*

Frau Ost: *„Aber Sie vergessen hierbei völlig, dass ich dann gleich ein neues Problem habe, denn dann muss ich ja die andere Stelle neu besetzen und die Suche geht wieder los."*

_____

[1] **§ 93 Ausschreibung von Arbeitsplätzen:** „Der Betriebsrat kann verlangen, dass Arbeitsplätze, die besetzt werden sollen, allgemein oder für bestimmte Arten von Tätigkeiten vor ihrer Besetzung innerhalb des Betriebs ausgeschrieben werden." Das bedeutet jedoch nicht, dass der Arbeitgeber zu einer internen Besetzung verpflichtet ist.

Frau Berg: „Da haben Sie sicherlich recht. Sie können es sich ja noch einmal überlegen, wie wir verfahren sollen. Ich wäre Ihnen dankbar, wenn Sie mich auf dem Laufenden halten würden. Auf Wiedersehen, Frau Ost."

Frau Ost: „Das werde ich machen. Auf Wiedersehen, Frau Berg."

Bearbeiten Sie anhand der Informationen aus dem vorliegenden Gespräch zwischen Frau Berg und Frau Ost die folgenden Arbeitsaufträge:

● Geben Sie Möglichkeiten an, wie die Personalbeschaffung jeweils erfolgen kann.

● Halten Sie Argumente fest, welche für und gegen eine interne bzw. externe Personalbeschaffung sprechen, sodass Sie insgesamt jeweils vier Vor- und Nachteile für eine interne und externe Personalbeschaffung zusammentragen.

Interne Personalbeschaffung	Externe Personalbeschaffung
Möglichkeiten	**Möglichkeiten**
Vorteile	**Vorteile**
Nachteile	**Nachteile**

Übung 1.3: Personalleasing als Möglichkeit der externen Personalbeschaffung

Frau Ost, Gruppenleiterin Personal, überlegt, ob die Stelle „Finanzbuchhalter/-in" durch eigenes Personal oder im Rahmen von Personalleasing besetzt werden soll. Frau Ost bittet Sie daher, sich über die Alternative „Personalleasing" zu informieren, indem Sie

a) einen rechnerischen Vergleich der Kosten der beiden Alternativen „Einstellung eigenes Personal" oder „Personalleasing" durchführen,

b) die ermittelten Kosten der beiden Alternativen in das folgende Koordinatensystem einzeichnen,

c) jeweils drei Argumente finden, welche für und gegen die Alternative „Personalleasing" sprechen. (Hinweis: Siehe auch Eingangsszenario und Übung 1.2.)

Zur Bearbeitung des Arbeitsauftrags erhalten Sie noch die unten aufgeführten Informationen aus der Personalabteilung.

Sehr geehrtes Personalteam,

anbei die benötigten Informationen zum Kostenvergleich „Einstellung eigenes Personal" und „Personalleasing":

- Für das Bewerbungsverfahren bei der Einstellung neuer Mitarbeiter veranschlagen wir erfahrungsgemäß einen festen Kostenblock von 2.000,00 € (Kosten für z. B. Stellenanzeige usw.).
- Die monatliche Arbeitszeit beträgt 180 Stunden.
- Die für diesen Kostenvergleich relevanten Lohnkosten betragen bei eigenem Personal ca. 3.800,00 € pro Monat.[1]
- Die Zeitarbeitsfirma, mit der wir zusammenarbeiten, verlangt ein Honorar von 25,00 € pro Stunde, darüber hinaus fallen keine weitere Kosten an.

Mit freundlichen Grüßen

Ina Ost

Kostenvergleich (in €) Einstellung eigenes Personal oder Personalleasing		
	Eigenes Personal	**Personalleasing**
Fixe Kosten in €		
Monate	**Kumulierte Gesamtkosten in €**	
1		
2		
3		
4		
5		
6		
7		
8		

---

[1] Zur genaueren Berechnung der 3.800,00 € für eigenes Personal siehe Lernsituation 3.

Koordinatensystem für den Kostenvergleich:

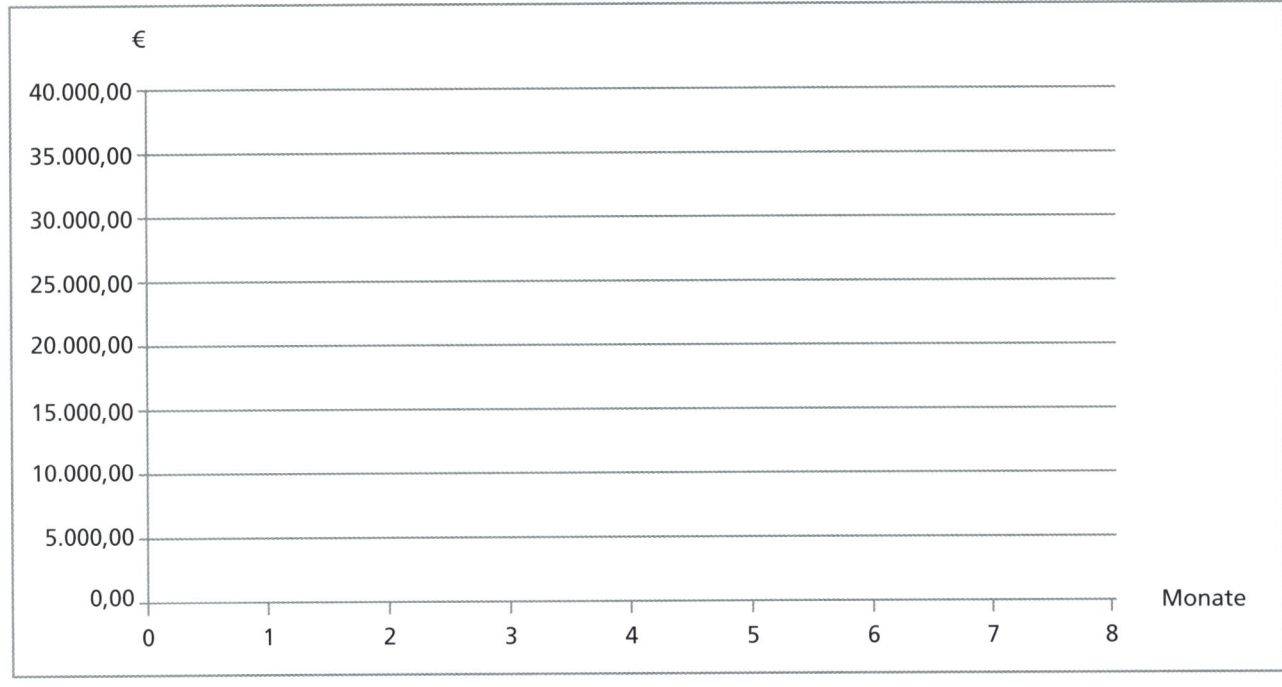

Vorteile des Personalleasings	Nachteile des Personalleasings

Übung 1.4: Stellenanzeige

Nachdem das Personalleasing keine Alternative darstellt, schreibt die Primus GmbH die Stelle „Finanzbuchhalter/-in" zunächst innerbetrieblich aus. Doch leider bewerben sich hierauf keine geeigneten Kandidaten. Nachdem entschieden wurde, eine geeignete Mitarbeiterin oder einen Mitarbeiter für den 1. Januar über eine externe Stellenanzeige, welche am 2. November geschaltet werden soll, zu suchen, bittet Frau Ost ihre Auszubildende Nicole Höver um Vorschläge für eine Stellenanzeige und die Auswahl eines geeigneten Werbeträgers. (Hinweis: Siehe auch Eingangsszenario und die Übungen 1.2 und 1.3.)

1 Sammeln Sie Stellenanzeigen aus Tageszeitungen und Fachzeitschriften. Nutzen Sie die gefundenen Anzeigen als Orientierung und listen Sie die Inhalte einer Stellenanzeige (z. B. Internet, Tageszeitung) auf:

2 Erstellen Sie eine Stellenanzeige. Verwenden Sie hierfür die Daten aus der von Ihnen formulierten Stellenbeschreibung aus der Lernsituation 1 und orientieren Sie sich an den von Ihnen ausgesuchten Stellenanzeigen.

Die Primus GmbH, Groß- und Außenhandel für Bürobedarf in Duisburg
sucht zum 1. Januar eine/-n

Finanzbuchhalter/-in

3 Tauschen Sie nun Ihre Stellenanzeige mit einer anderen Gruppe. Werten Sie die Stellenanzeige der anderen Gruppe mithilfe des folgenden Beurteilungsbogens aus.

Leitfragen	Bewertung in Schulnoten				
	1	2	3	4	5
Inhalte der Stellenanzeige					
Die Primus GmbH wird kurz vorgestellt.					
Die Stelle wird bezeichnet.					
Die Stellenaufgaben werden dargelegt.					
Die Anforderungen an die Bewerber werden beschrieben.					
Es wird benannt, was die Primus GmbH bieten kann.					
Es wird erwähnt, wohin die Bewerbungsunterlagen zu schicken sind und wer Ansprechpartner ist.					
Gestaltung der Stellenanzeige					
Der Inhalt ist klar gegliedert.					
Die Gestaltung der Stellenanzeige erzeugt beim interessierten Leser Aufmerksamkeit.					
Bemerkungen/Vorschläge					

4 Vervollständigen Sie die folgende Übersicht, um den geeigneten Werbeträger für die Stellenanzeige zu finden.

	Regionale Tageszeitung	Überregionale Tageszeitung	Internet
Beispiel			
Reichweite			
Kosten			
Bewerberzielgruppe			

Lernsituation 2: Sie führen das Personalauswahlverfahren durch

Nachdem entschieden wurde, eine/-n geeignete/-n Mitarbeiter/-in für die Stelle „Finanzbuchhalter/-in" zum 1. Januar über eine externe Stellenanzeige, welche am 2. November in der Rheinischen Post geschaltet wurde, zu suchen, trifft nach wenigen Tagen eine große Zahl von Bewerbungen in der Personalabteilung ein. Die Gruppenleiterin Personal, Frau Ost, hat schon eine kleine Vorauswahl getroffen und drei Bewerbungen in die engere Wahl gezogen. Frau Ost schlägt der Auszubildenden Nicole Höver vor, ihr bei der endgültigen Bewerberauswahl zu helfen. *„Das ist eine richtig spannende Aufgabe"*, freut sich Nicole, *„aber worauf muss ich denn bei dieser Masse von Informationen besonders achten?"*

(Hinweis: Siehe auch Eingangsszenario 1 und die Übungen 1.2, 1.3 und 1.4.)

Beschreibung und Analyse der Situation

Planen Sie das Bewerberauswahlverfahren, indem Sie mögliche Beurteilungskriterien für Bewerbungen sammeln, und bringen Sie sie – soweit möglich – in eine Rangfolge hinsichtlich ihrer Bedeutung. Präsentieren Sie die in den Gruppen gefundenen Beurteilungskriterien und begründen Sie Ihre Auswahl. Halten Sie die in allen Gruppen gefundenen Beurteilungskriterien fest.

Planen und durchführen

Wählen Sie zehn Beurteilungskriterien aus, die aus Ihrer Sicht von größter Relevanz sind, und führen Sie mithilfe der Bewertungstabelle und der Bewerbungsunterlagen der drei Bewerber das Personalauswahlverfahren für die Primus GmbH durch. Präsentieren und begründen Sie Ihr Ergebnis den anderen Gruppen im Anschluss.

Hinweis: Beachten Sie die Anforderungen, die Sie in der Stellenanzeige in Übung 1.4 formuliert haben.

Bewerbungsunterlagen Bewerber 1: Martin Schüller

Martin Schüller
Ratinger Strasse 14
40213 Düsseldorf

3. November 20..

Primus GmbH
Frau Ost
Koloniestrasse 2–4
47057 Duisburg

Bewerbung als Finanzbuchhalter
Ihre Annonce in der Rheinischen Post

Sehr geehrte Frau Ost,

hiermit bewerbe ich mich um die von Ihnen in der Rheinischen Post ausgeschriebene Stelle als Finanzbuchhalter.

Diese Stelle past genau zu meinen Qualifikationen und ich würde mich sehr viel freuen, bei Ihnen arbeiten zu dürfen. Wärend meiner Ausbildung zum Bürokaufmann und in den letzten Jahren nach Abschluss der Ausbildung arbeitete ich im Versandgroßhandel Multi-Plus, der vor drei Monaten wegen Insolvenz schließen musste. Seit dem bin ich auf der Suche nach einer neuen Stelle.

Ich arbeite mit dem Microsoft-Office Paket und mit einem speziellen Finanzbuchhaltungsprogramm.

In den letzten Jahren arbeitete ich in der Finanzbuchhaltung und über eine Einladung zu einem persönlichen Gespräch würde ich mich sehr freuen und verbleibe

mit freundlichem Gruß

M. Schüller

Anlagen
Lebenslauf
Arbeitszeugnis
Prüfungszeugnis

Lebenslauf:

Von:
Martin Schüller
Ratinger Strasse 14
40213 Düsseldorf
Geb. am 12.03.1980
in Hamburg

Berufstätigkeit	seit 2004	Versandgroßhandel Multi-Plus im Bereich Finanzbuchhaltung
Ausbildung	2001–2004	Ausbildung zum Bürokaufmann beim Versandgroßhandel Multi-Plus
Schulbildung	1995–1998	Kaufmännische Schule III der Stadt Hamburg Höhere Handelsschule (Abschluss: Fachhochschulreife)
	1990–1995	Heinrich-Heine-Realschule in Hamburg
	1986–1990	Grundschule in Hamburg
Aushilfstätigkeiten	1998–2001	Aushilfe in einem Sporteinzelhandel „Sport Up"
Sonstige Fähigkeiten		Englisch in Wort und Schrift Microsoft-Office Kenntnisse
Hobbys		Badminton PC-Spiele

Arbeitszeugnis:

Multi-Plus
Versandgroßhandel
Aachener Straße 10
40213 Düsseldorf

Martin Schüller
Ratinger Straße 14
40213 Düsseldorf

Arbeitszeugnis

Herr Martin Schüller, geboren am 12. März 1980 in Hamburg, hat vom 01.08.2001 bis zum 31.07.2004 in unserem Unternehmen seine Ausbildung zum Bürokaufmann absolviert.

Herr Schüller hat neben den üblichen Arbeiten im Zusammenhang mit seiner Ausbildung die Arbeit in der Abteilung Buchhaltung unterstützt. Hierzu gehörten die Rechnungseingangskontrolle und die Rechnungserstellung, außerdem übernahm er die Kontierung der Eingangs- und Ausgangsrechnungen.

Nach seiner Ausbildung war Herr Schüller weiterhin in der Abteilung Buchhaltung tätig und vertiefte dort seine Kenntnisse, indem er ebenfalls an der Vorbereitung des Jahresabschlusses mitwirkte.

Herr Schüller, mit dessen Leistungen wir im Allgemeinen zufrieden waren, hat die ihm übertragenen Aufgaben pflichtbewusst ausgeführt. Wegen seiner sehr umgänglichen Art ist Herr Schüller bei allen Kollegen und Kunden sehr beliebt.

Leider ist es uns aufgrund unserer Insolvenz nicht möglich, Herrn Schüller weiterzubeschäftigen. Wir wünschen Herrn Schüller alles Gute für seinen weiteren beruflichen Werdegang.

Düsseldorf, 28. August 20..

Buchhaltung

Prüfungszeugnis:

Prüfungszeugnis

Martin Schüller,
geboren am 12.03.1980 in Hamburg, hat im Ausbildungsberuf Bürokaufmann/Bürokauffrau
die Abschlussprüfung bestanden.

Bürowirtschaft	65 Punkte (ausreichend)
Rechnungswesen	75 Punkte (befriedigend)
Wirtschafts- und Sozialkunde	65 Punkte (ausreichend)
Praktische Prüfung	86 Punkte (gut)
Gesamtergebnis	74 Punkte (befriedigend)

Düsseldorf, den 31.07.2004

Bewerbungsunterlagen Bewerber 2: Sandra Bayer

Sandra Bayer
Neustraße 11
50933 Köln

3. November 20..

Primus GmbH
Frau Ost
Koloniestraße 2–4
47057 Duisburg

Bewerbung um die Stelle als Finanzbuchhalterin

Sehr geehrte Damen und Herren,

mit großer Freude habe ich am Wochenende Ihre Anzeige in der Tageszeitung gelesen. Sie suchen eine Finanzbuchhalterin und ich bin die Richtige für Sie.

Wie Sie aus den beigefügten Bewerbungsunterlagen ersehen können, habe ich während meiner Berufstätigkeit schon in unterschiedlichen Branchen und Positionen Kenntnisse und Erfahrungen sammeln können, die ich gerne in Ihrem Unternehmen unter Beweis stellen möchte.

Zurzeit bin ich bei der Home & Co. KG, Großhandel für Einrichtungsbedarf, als Sachbearbeiterin in der Finanzbuchhaltung tätig.

Bitte geben Sie mir die Gelegenheit, Sie in einem persönlichen Gespräch von meinem Können zu überzeugen.

Meine jetzige Stelle könnte ich sofort kündigen.

Mit freundlichem Gruß

Sandra Bayer

Anlagen
Lebenslauf
Zwischenzeugnis
Prüfungszeugnis

Lebenslauf:

Lebenslauf:

Name:	Sandra Bayer	
Adresse:	Neustraße 11 50933 Köln	
Geboren:	18. Mai 1985	
Geburtsort:	Köln	
Familienstand:	Ledig	
Konfession:	röm.-kath.	
Schulbildung:	1991–1995 1995–2004	Grundschule Köln Ehrenfeld Gymnasium Köln Ehrenfeld (Allgemeine Hochschulreife: Note 2,1)
Berufsausbildung:	2004–2006	Ausbildung zur Bürokauffrau bei der BüroCheck GmbH, Bürogroßhandlung in Köln (Note gut)
Berufstätigkeit:	2006–2007	Sachbearbeiterin in der Finanzbuchhaltung in der BüroCheck GmbH, Bürogroß-handlung in Köln
	seit 2007	Home & Co. KG Köln, Großhandel für Einrichtungsbedarf in der Finanzbuchhal-tung
Zusatzqualifikation:	2007	Microsoft-Office-Kurs an der Volkshochschule Köln

Home & Co. KG
Großhandel für Einrichtungsbedarf
Neustraße 12
50933 Köln

Zwischenzeugnis

Frau Sandra Bayer, geboren am 18.05.1985 in Köln, ist seit dem 01.08.2007 in unserem Unternehmen als Sachbearbeiterin in der Finanzbuchhaltung beschäftigt.

Frau Bayer hat die ihr übertragenen Aufgaben stets zu unserer vollsten Zufriedenheit bearbeitet und sie ist stets mit Eifer bei der Arbeit. Die in sie gesteckten Erwartungen wurden stets erfüllt.

Die Mitarbeiter schätzen Frau Bayer als eine umgängliche Kollegin; bezüglich ihres Verhaltens gegenüber Vorgesetzten gab es keine Beanstandung. Außerdem zeigt Frau Bayer sehr großes Interesse für die Anliegen der Kunden.

Es ist uns bekannt, dass Frau Bayer ein Betätigungsfeld mit mehr Verantwortung sucht, welches ihren Fähigkeiten stärker ent-spricht. Wir sind leider nicht in der Lage, ihr ein solches Betätigungsfeld anzubieten.

Wir wünschen Frau Bayer für ihre weitere berufliche Zukunft in einem anderen Unternehmen weiterhin viel Erfolg.

Köln, 25.02.20..

Sabine Grass

Abteilungsleitung Personal

Prüfungszeugnis:

Prüfungszeugnis

Sandra Bayer,
geboren am 18.05.1985 in Köln, hat im Ausbildungsberuf Bürokaufmann/Bürokauffrau
die Abschlussprüfung bestanden.

Bürowirtschaft	75 Punkte (befriedigend)
Rechnungswesen	86 Punkte (gut)
Wirtschafts- und Sozialkunde	77 Punkte (befriedigend)
Praktische Prüfung	86 Punkte (gut)
Gesamtergebnis	81 Punkte (gut)

Köln, den 31.07.2006

Bewerbungsunterlagen Bewerber 3: Thomas Klein

Thomas Klein   03. November 20..
Neu-Kölner Straße 133
47055 Duisburg

Primus GmbH
Frau Ost
Koloniestraße 2–4
47057 Duisburg

Bewerbung als Finanzbuchhalter

Sehr geehrte Damen und Herren,

hiermit bewerbe ich mich um die von Ihnen in der Tageszeitung ausgeschriebene Stelle als Finanzbuchhalterin.

Ich verfüge über eine abgeschlossene Berufsausbildung als Bürokaufmann. Außerdem habe ich Erfahrungen in der Lohnbuchhaltung sammeln können und beherrsche den Umgang mit dem Microsoft-Office-Paket.

Bisher habe ich leider noch keine Erfahrungen in der Finanzbuchhaltung sammeln können, jedoch sehe ich dies als Herausforderung an, die ich sehr gerne in Angriff nehmen möchte.

Über eine Einladung zu einem persönlichen Vorstellungsgespräch würde ich mich sehr freuen.

Mit freundlichem Gruß

Thomas Klein

Anlagen
Lebenslauf
Zwischenzeugnis
Prüfungszeugnis

Lebenslauf:

Lebenslauf:

Thomas Klein
Neu-Kölner Straße 133
47055 Duisburg
Geb. am 12. April 1985
in Duisburg

Berufstätigkeit:	Baustoffgroßhandlung Becker GmbH & Co. KG, Duisburg, Buchhaltung
seit 2007	Versandgroßhandlung Simple Way GmbH & Co. KG, Duisburg, Buchhaltung
2003–2007	
Ausbildung:	
2000–2003	Ausbildung zum Bürokaufmann bei der Baustoffgroßhandlung Niessen GmbH
Schulbildung:	Hauptschulabschluss an der Geschwister-Scholl-Hauptschule
1995–2000	Grundschule in Duisburg
1991–1995	
	Microsoft-Office-Kurs an der Volkshochschule Duisburg
Sonstiges:	Fortbildung Lixture Buchhaltungssoftware an der Volkshochschule Duisburg

Thomas Klein

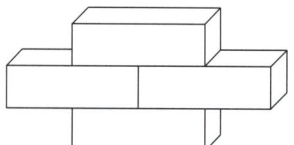

Becker GmbH & Co. KG

Baustoffgroßhandlung
Alleenstraße 56
47055 Duisburg

Zwischenzeugnis

Herr Thomas Klein, geboren am 12.04.1985 in Duisburg, ist seit dem 01.03.2007 bei uns beschäftigt.

Während seiner Tätigkeit arbeitete Herr Klein zu unserer vollen Zufriedenheit. Er verfügt über eine schnelle Auffassungsgabe, außerdem ist seine selbstständige Arbeit hervorzuheben.

Bei den Mitarbeitern war Herr Klein wegen seiner großen Kooperationsbereitschaft sehr beliebt; seinen Vorgesetzten gegenüber zeigte er sich stets loyal.

Wir bedauern sehr, dass Herr Klein uns aus beruflichen Gründen verlassen möchte, da wir ihm in unserem Hause leider keine entsprechende Perspektive im Bereich Finanzbuchhaltung bieten können.

Wir wünschen Herr Klein alles Gute.

Duisburg, 03.03.20..

Michael Müller

Abteilungsleitung Personal

Prüfungszeugnis:

Prüfungszeugnis

Thomas Klein,
geboren am 12.04.1985 in Duisburg, hat im Ausbildungsberuf Bürokaufmann/Bürokauffrau
die Abschlussprüfung bestanden.

Bürowirtschaft	76 Punkte (befriedigend)
Rechnungswesen	77 Punkte (befriedigend)
Wirtschafts- und Sozialkunde	75 Punkte (befriedigend)
Praktische Prüfung	87 Punkte (gut)
Gesamtergebnis	80 Punkte (befriedigend)

Duisburg, den 31.07.2003

Bearbeitungshinweise für die Bewertungstabelle:

1. Schritt: Wählen Sie geeignete Beurteilungskriterien aus.

2. Schritt: Gewichten Sie die ausgewählten Beurteilungskriterien hinsichtlich der Wichtigkeit.

3. Schritt: Bewerten Sie die Beurteilungskriterien für jede/-n Bewerber/-in nach folgendem Schema:
       0 = mangelhaft 1 = ausreichend, 2 = befriedigend, 3 = gut, 4 = sehr gut.

4. Schritt: Ermitteln Sie die Punkte für jede/-n Bewerber/-in (Gewichtung x Bewertung).

5. Schritt: Addieren Sie die jeweiligen Punkte eines/-er Bewerbers/-in.

6. Schritt: Wählen Sie den Bewerber bzw. die Bewerberin mit der höchsten Punktzahl aus.

Personalauswahl

Name des Bewerbers/der Bewerberin		_____		_____		_____	
Auswahlkriterien	Gewichtung	Bewertung	Punkte	Bewertung	Punkte	Bewertung	Punkte
_____							
_____							
_____							
_____							
_____							
_____							
_____							
_____							
Summe	100 %						

Entscheidung für eine/-n Bewerber/-in (mit Begründung in Stichworten):

_____

_____

_____

_____

_____

_____

Bewerten und reflektieren

Vertreten Sie die in Ihrer Gruppe getroffene Entscheidung anstelle von Nicole Höver im Rahmen einer Besprechung mit der Personalchefin Frau Ost sowie einem Mitglied des Betriebsrats. Führen Sie hierzu ein Rollenspiel durch. Die drei Teilnehmer des Rollenspiels stammen dabei aus drei verschiedenen Arbeitsgruppen. Alle übrigen Schülerinnen und Schüler fungieren als Beobachter und geben den Spielern anschließend ein konstruktives Feedback. Achten Sie dabei auf die Argumentation ebenso wie auf die verbale und nonverbale Kommunikation der Teilnehmer des Rollenspiels.

> **Information:**
>
> **Auszug aus dem BetrVG**
>
> **§ 99 Mitbestimmung bei personellen Einzelmaßnahmen.** In Betrieben mit in der Regel mehr als 20 wahlberechtigten Arbeitnehmern hat der Arbeitgeber den Betriebsrat vor jeder Einstellung (...) zu unterrichten, ihm die erforderlichen Bewerbungsunterlagen vorzulegen (...). Der Betriebsrat kann seine Zustimmung verweigern (...).

Lernergebnisse sichern und vertiefen

Bringen Sie die folgenden Tätigkeiten bei der Personalbeschaffung in eine sinnvolle Reihenfolge.

> Vorstellungsgespräch führen – Aushändigung des Arbeitsvertrags – Bewerbungsunterlagen prüfen –
> Kriterien für die Bewerberauswahl festlegen – Bewerber auswählen –
> Neuen Mitarbeiter in der Personalabteilung anmelden – Interne bzw. externe Stellenausschreibung –
> Eine Vorauswahl treffen – Betriebsrat informieren

1	Stellenbeschreibung verfassen
2	
3	
4	
5	
6	
7	
8	
9	
10	
11	Neuen Mitarbeiter vorstellen

Übung 2.1: Vorstellungsgespräch im Rahmen der Eignungsfeststellung

Frau Ost: *„Frau Höver, vielen Dank für Ihre Mithilfe. Sie haben eine Rangfolge der Bewerber Frau Bayer, Herrn Klein und Herrn Schüller bei der Auswertung der Bewerbungsunterlagen für die Stelle ‚Finanzbuchhalter/-in' gebildet und diese begründet."*

Frau Höver: *„Das hab' ich sehr gerne gemacht. Wie geht das Bewerberauswahlverfahren jetzt weiter?"*

Frau Ost: *„Die endgültige Entscheidung über die Eignung einer Bewerberin/eines Bewerbers erfolgt in der Regel in unserem Hause auf der Grundlage eines Vorstellungsgesprächs. Wesentlicher Bestandteil der Vorbereitung auf ein Vorstellungsgespräch ist die Auswahl geeigneter Fragen, mit deren Hilfe herausgefunden werden soll, inwieweit eine Bewerberin/ein Bewerber den Anforderungen an eine Stelle gerecht werden kann. Diese vorbereiteten Fragen sollten in einem Fragenkatalog zusammengefasst werden und können dann während des eigentlichen Vorstellungsgesprächs als Leitfaden dienen. Ich bitte Sie, mich bei der Vorbereitung des Vorstellungsgesprächs zu unterstützen."*

Frau Höver: *„Das werde ich sehr gerne machen. Wie kann ich Ihnen dabei helfen?"*

(Siehe auch Eingangsszenario 1 und 2 sowie die Übungen 1.2, 1.3 und 1.4.)

1 Entwickeln Sie stichwortartig einen Gesprächsleitfaden für das Vorstellungsgespräch.

_____

_____

_____

_____

_____

_____

_____

_____

_____

_____

_____

_____

2 Bei der Formulierung der Fragen in einem Vorstellungsgespräch gilt folgender Grundsatz: „Der Arbeitgeber darf nur Fragen stellen, an deren Beantwortung er zur Beurteilung der Fähigkeiten und der Eignung des Arbeitnehmers ein berechtigtes Interesse hat."

a) Überprüfen Sie, bei welchen Fragen es sich um zulässige oder unzulässige Fragen in einem Vorstellungsgespräch handelt. Beurteilen Sie die Sinnhaftigkeit der Frage. (Hinweis: Zur Lösung kann ggf. auch das Internet hinzugezogen werden.)

Fragenkatalog Vorstellungsgespräch

Fragen	Ihre Beurteilung
1) Was genau machen Sie in Ihrer jetzigen Stellung?	
2) Warum möchten Sie bei uns anfangen?	
3) Sind Sie belastbar?	
4) Warum sollten wir Sie nehmen?	
5) Haben Sie Schulden?	
6) Wie sind Ihre Familienverhältnisse?	
7) Möchten Sie in Zukunft heiraten?	
8) Welches ist Ihre größte Stärke bzw. Schwäche?	
9) Sind Sie schwanger?	
10) Leiden Sie unter chronischen Krankheiten?	
11) Haben Sie eine HIV-Infektion?	
12) Können Sie mit Kritik umgehen?	
13) Was verdienen Sie zurzeit?	
14) Wie ist Ihre Religionszugehörigkeit? - Gehören Sie einer politischen Partei an?	

b) Die bewusst falsche Antwort auf eine zulässige Frage ...

_____

_____

_____

c) Die bewusst falsche Antwort auf eine unzulässige Frage ...

_____

3 Nennen Sie fünf Beispiele, was die Bewerber tun können, damit ihr Vorstellungsgespräch für die Stelle „Finanzbuchhalter/-in" erfolgreich wird, indem Sie folgende Frage mit der „Kopfstandmethode" beantworten: „Was können die Bewerber tun, damit ihr Vorstellungsgespräch ein Misserfolg wird?" Schreiben Sie anschließend Ihre Beispiele auf Karten und sammeln Sie alle Karten im Klassenverband.

② Umkehrung der Aufgabe formuliert als „die umgekehrte Frage"

„Was muss ich tun, damit mein Vorstellungsgespräch ein Misserfolg wird?"

① Aufgabe formuliert als „die Ausgangsfrage"

„Was muss ich tun, damit mein Vorstellungsgespräch erfolgreich wird?"

③ Lösungsideen sammeln

④ Umkehren oder „Übersetzen" der Ideen

_____

_____

_____

_____

_____

_____

_____

4 Auch die Körpersprache spielt eine entscheidende Rolle bei einem erfolgreichen Vorstellungsgespräch. Damit ein Vorstellungsgespräch erfolgreich verläuft, überlegen Sie, wie die Körpersprache bezogen auf die unten aufgeführten Aspekte aussehen sollte und was vermieden werden sollte.

	Was sollten Sie vermeiden?	Wie sollte es sein?
Mimik		
Körperhaltung		
Bewegung		
Blick		

5 Nennen Sie vier unterschiedliche Verfahren der Eignungsfeststellung.

_____

_____

_____

_____

Übung 2.2: Personalakte

Nicole Höver ist sauer! Erst hat der Wecker nicht geklingelt und dann ist ihr auch noch die Bahn weggefahren. Jetzt macht Frau Ost auch noch einen Aufstand, nur wegen der halben Stunde Verspätung. *„Frau Höver, Sie sind in den letzten vier Wochen dreimal zu spät zur Arbeit erschienen. Das gibt jetzt eine Abmahnung für Sie und eine Eintragung in die Personalakte."* Als Nicole Höver in der Mittagspause mit Andreas Dick darüber spricht, beruhigt der sie. *„Bei einer ersten Abmahnung passiert dir gar nichts"*, sagt Andreas, *„das ist doch deine erste, oder?"* Nicole ist ratlos. *„Was weiß ich, was Frau Ost alles in meine Personalakte geschrieben hat."* *„Dann sieh doch nach"*, erwidert Andreas. *„Kann man denn so einfach Einblick in seine Personalakte nehmen?"*, fragt Nicole.

Lösen Sie mithilfe des Informationstextes „Die Personalakte" die folgenden Aufgaben.

Informationstext: Die Personalakte

Jeder hat eine, nur weiß fast niemand, was drinsteht. Und was wirklich hineingehört. Das kann bei Personalakten durchaus wichtig sein, wenn es zum Streit mit dem Arbeitgeber kommt. Nichts zu suchen haben in der Akte zum Beispiel Krankheitsgründe und Informationen zur Privatsphäre.

„In die Personalakte darf nur rein, was für das Arbeitsverhältnis von Bedeutung ist", erklärt der Arbeitsrechtler Paul-Werner Beckmann aus Herford. Was zählt alles dazu, was nicht? Die Ansichten darüber können auseinandergehen.

„Was auf jeden Fall rein muss, ist nicht gesetzlich vorgeschrieben", sagt der Jurist Christian Götz vom Bundesvorstand der Dienstleistungsgewerkschaft Ver.di. „Aber der Arbeitsvertrag gehört dazu, er ist schließlich die Grundlage des Arbeitsverhältnisses." Auch Zertifikate von Weiterbildungen sollten in der Personalakte Platz finden – weil sie zum Beispiel bei Beförderungen wichtig sein können.

Zeugnisse, Lebenslauf und Bewerbungsunterlagen, aber auch Abmahnungen werden in der Personalakte aufgehoben. Bestimmte Informationen sind dagegen tabu: „Der Arbeitgeber darf zum Beispiel keine Listen mit Krankentagen und Krankheitsgründen führen und in der Personalakte aufheben", sagt Martina Perreng, Arbeitsrechtsexpertin beim Deutschen Gewerkschaftsbund (DGB).

Informationen zur Privatsphäre des Arbeitnehmers haben generell nichts in der Personalakte verloren – auch wenn etwas darüber öffentlich bekannt werden sollte. „Der Arbeitgeber wird also nicht den Zeitungsbericht aufheben, in dem ein Mitarbeiter als tausendster Besucher der örtlichen Disco ausgezeichnet wurde", so Paul-Werner Beckmann.

Jeder Arbeitnehmer darf Einsicht nehmen

Es kann jedoch Fälle geben, bei denen die Berichterstattung über Mitarbeiter für das Arbeitsverhältnis durchaus relevant ist. Beckmann erinnert sich an einen Fall, bei dem ein Arbeitnehmer häufig länger krankgeschrieben war, nur nicht an den Wochenenden, aber am darauffolgenden Montag wieder. „Dann fiel dem Arbeitgeber ein Zeitungsartikel in die Hände, in dem berichtet wurde, dass der Mitarbeiter an einem entsprechenden Samstag gleich drei Tore geschossen hatte." Der Bericht kam in die Akte – schließlich hatte er auch arbeitsrechtlich Gewicht.

Nicht in die Personalakte gehören Notizen des Vorgesetzten über das Arbeitsverhalten des Mitarbeiters. Wenn ein Arbeitnehmer Betriebsratsmitglied ist, darf das dokumentiert werden. Hat er nur für den Betriebsrat kandidiert, sei das keine Information, die in die Personalakte gehöre, so Ver.di-Vorstandsmitglied Götz. Generell gilt die Faustregel: „Was man im Vorstellungsgespräch gefragt werden darf, darf auch in die Personalakte. Und was nicht gefragt werden darf, hat auch dort nichts verloren."

Was in der Akte dokumentiert wird, darf der Arbeitnehmer überprüfen. „Jeder hat ein Anrecht darauf, in seine Personalakte zu gucken", sagt Martina Perreng vom DGB. „Grundsätzlich so oft er will, jedenfalls in üblichem Maß."

Abmahnungen bleiben nicht für immer in der Akte

Der Arbeitgeber ist nicht verpflichtet mitzuteilen, dass er der Personalakte eines Mitarbeiters etwas hinzufügt. „Aus dem Grund ist es schon sinnvoll, seine Personalakte hin und wieder durchzublättern", sagt auch Christian Götz. „Man darf auch den Betriebsrat bevollmächtigen, das zu tun."

Streit um die Personalakte gibt es nach Perrengs Einschätzung nur bei einem ohnehin schon belasteten Beschäftigungsverhältnis. Etwa dann, wenn der Arbeitgeber den Mitarbeiter für ein bestimmtes Verhalten abgemahnt hat – die Abmahnung wird in der Personalakte dokumentiert. Ist der Arbeitnehmer fest davon überzeugt, dass er sich nichts hat zu Schulden kommen lassen, was eine Abmahnung rechtfertigt, kann er darauf drängen, sie aus der Akte entfernen zu lassen. Reagiert der Arbeitgeber darauf nicht, darf der Arbeitnehmer kontrollieren, ob sie entfernt wurde. Falls nicht, muss er abwägen, ob er rechtliche Schritte unternehmen will, um das durchzusetzen.

Ohnehin dürfen Abmahnungen nicht unbegrenzt in der Personalakte bleiben, wenn es nicht um besonders schwere Verstöße geht. Abmahnungen wegen Zuspätkommens und wegen Missachtung einer Anordnung des Chefs bleiben dort üblicherweise nur einen überschaubaren Zeitraum: „Rund zwei Jahre, gesetzlich geregelt ist das aber nicht", sagt Martina Perreng. Wo genau die Akte aufgehoben wird, ist ebenfalls nicht vorgeschrieben. „Es muss sichergestellt sein, dass sie nicht frei zugänglich ist", so Perreng. „Sie muss also in einem abgeschlossenen Schrank stehen, nicht offen im Regal."

Quelle: http://www.spiegel.de/unispiegel/jobundberuf/arbeitsrecht-die-personalakte-ist-kein-sammelalbum-a-699268.html;

abgerufen am 1.9.2014.)

1 Nennen Sie drei Aufgaben der Personalakte.

_____

_____

_____

2 Bestimmen Sie acht Inhalte der Personalakte.

3 Nehmen Sie Stellung zu den folgenden Begebenheiten aus dem Alltag der Personalverwaltung der Primus GmbH.

Begebenheiten	Stellungnahme
Nicole Höver möchte ihre Personalakte einsehen. Die Personalverwaltung lehnt dies ab.	
Nach vier Jahren stellt Frau Rost erstaunt fest, dass ihre Abmahnung wegen mehrmaligen Zuspätkommens immer noch in ihrer Personalakte ist.	
Der Kraftfahrer Michael Schumacher hat ein Sicherheitstraining für Lkw-Fahrer absolviert. Die Teilnahmebescheinigung gibt er in der Personalabteilung ab.	

Begebenheiten	Stellungnahme
Frau Ganser aus der Personalabteilung sammelt regelmäßig die Krankendaten der Mitarbeiter. Erfährt sie in der Kantine, warum ein Mitarbeiter krank ist, so fertigt sie eine kurze Aktennotiz an und legt sie in die Personalakte des Mitarbeiters.	_____ _____ _____
Frau Schiffer beauftragt Herrn Hack, ein Betriebsratsmitglied, in ihre Personalakte zu schauen und zu überprüfen, ob alles seine Richtigkeit hat. Herrn Hack wird die Einsichtnahme verweigert mit der Begründung, die Eintragungen seien so persönlich, dass nur Frau Schiffer Einsicht nehmen dürfe.	_____ _____ _____
Die Auszubildende Nicole Höver erhält den Auftrag, nach dem Wochenende im Internet nach Fotos zu suchen. Die Personalabteilung sammelt entsprechende Partyfotos der Mitarbeiter.	_____ _____

Übung 2.3: Personalbeurteilung

1 Die Mitarbeiterin Frau Lapp verlässt die Primus GmbH zum 31. Dezember. Zum Abschluss erhält Frau Lapp folgendes Arbeitszeugnis. (Hinweis: Siehe auch Eingangsszenario 1.)

Arbeitszeugnis

Frau Isabel Lapp, geboren am 20. Januar 1976 in Köln, war seit dem 01.11.20XX bis heute zwei Jahre in unserem Unternehmen als Finanzbuchhalterin beschäftigt.

Ihr Tätigkeitsbereich umfasste:
- Rechnungseingangskontrolle und -bearbeitung,
- Kontierung der Eingangs- und Ausgangsrechnungen,
- Auswertung, Ablage und Archivierung der Kontoauszüge, der Rechnungen und des Schriftverkehrs,
- Vorbereitung des Jahresabschlusses,
- Unterstützung der Zahlungseingangskontrolle,
- Erstellung und Bearbeitung von Rechnungen, Gutschriften und Mahnungen.

Wir lernten Frau Lapp als stets pünktliche Mitarbeiterin kennen, die sich im Rahmen ihrer Fähigkeiten eingesetzt hat. Sie verfügt über ein solides Basiswissen in ihrem Tätigkeitsbereich. Die ihr übertragenen Aufgaben erledigte Frau Lapp im Großen und Ganzen zu unserer Zufriedenheit.

Ihr Verhalten gegenüber Vorgesetzten und Kollegen war stets vorbildlich.

Das Ausscheiden von Frau Lapp erfolgt in gegenseitigem Einvernehmen. Für ihren weiteren Berufs- und Lebensweg wünschen wir Frau Lapp viel Erfolg und vor allem Gesundheit.

Köln, 30.11.20XX

i. V. Müller

Geschäftsführer

a) Prüfen Sie, ob das Zeugnis formal in Ordnung ist.

b) Versuchen Sie, das vorliegende Zeugnis in einer einzigen Gesamtnote zusammenzufassen.

c) Begründen Sie Ihre Gesamtnote, indem Sie die einzelnen Formulierungen des Arbeitszeugnisses übersetzen.

Formulierung im Arbeitszeugnis	Tatsächliche Bedeutung
Wir lernten Frau Lapp als stets pünktliche Mitarbeiterin kennen.	
Frau Lapp hat sich im Rahmen ihrer Fähigkeiten eingesetzt.	
Frau Lapp verfügt über ein solides Basiswissen in ihrem Tätigkeitsbereich.	
Die ihr übertragenen Aufgaben erledigte Frau Lapp im Großen und Ganzen zu unserer Zufriedenheit.	
Ihr Verhalten gegenüber Vorgesetzten und Kollegen war stets vorbildlich.	
Das Ausscheiden von Frau Lapp erfolgt in gegenseitigem Einvernehmen.	
Für ihren weiteren Berufs- und Lebensweg wünschen wir Frau Lapp viel Erfolg und vor allem Gesundheit.	

2 Personalbeurteilungen können zu Meinungsverschiedenheiten zwischen der zu beurteilenden Person (Mitarbeiter/-in) und dem Vorgesetzten führen. Ein Grund dafür kann in der unterschiedlichen Betrachtung der Eigen- und Fremdwahrnehmung liegen.

a) Führen Sie mithilfe des unten aufgeführten Fragebogens eine auf Sie bezogene Leistungsbeurteilung durch, sodass Sie sich selber einschätzen.

b) Bitten Sie eine/-n Mitschüler/-in, der/die Sie besonders gut kennt, den Fragebogen für Sie auszufüllen.

c) Vergleichen Sie die beiden ausgefüllten Fragebögen und begründen Sie jeweils Ihre Beurteilungen.

d) Leiten Sie aus dem Resultat der beiden Fragebögen für Sie persönlich Entwicklungsziele ab.

e) Tauschen Sie nun die Rollen und beurteilen Sie beide durch Verwendung anderer Farben den/die andere/n Schüler/in.

Kriterien der Personalbeurteilung	Eigene Leistungsbeurteilung
Arbeitsverhalten z.B. Arbeitsqualität, Ausdauer, Belastbarkeit, Fachkenntnisse, Pünktlichkeit, Zuverlässigkeit	
Sozialverhalten z.B. Hilfsbereitschaft, Kooperationsbereitschaft, Aufgeschlossenheit	
Führungsverhalten z.B. Durchsetzungsvermögen, Delegation, Motivationsfähigkeit	
Geistige Anlagen z.B. Auffassungsgabe, Gedächtnis, Kreativität	
Persönliches Auftreten z.B. Erscheinungsbild, Umgangsformen, Ausdrucksfähigkeit	

Meine Entwicklungsziele:

Übung 2.4: Arbeitsvertrag

Es ist so weit: Das Personalverfahren ist beendet. Die Primus GmbH hat sich für Frau Bayer als neue Finanzbuchhalterin entschieden. Jetzt ist es an der Zeit, sich mit dem Arbeitsvertrag zu beschäftigen. Vervollständigen Sie die Lücken in der unten aufgeführten Übersicht.

(Hinweis: Siehe auch Eingangsszenario 1 und 2 sowie die Übungen 1.2, 1.3, 1.4 und 2.1.)

_____   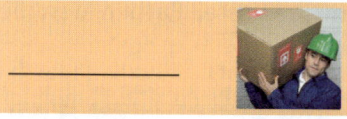   Willenserklärung   Arbeits-vertrag   Willenserklärung      _____

begründet

Pflichten des Arbeitnehmers		Pflichten des Arbeitgebers	
Pflicht	**Erläuterung**	**Pflicht**	**Erläuterung**
Schweigepflicht	_____ _____ _____ _____ _____	Fürsorgepflicht	_____ _____ _____ _____ _____
_____ _____	Der Arbeitnehmer hat die Pflicht, die im Arbeitsvertrag vereinbarten Dienste zu leisten.	_____ _____	Die Höhe der Vergütung regelt der Tarifvertrag. Die Zahlung muss spätestens am letzten Werktag eines Monats erfolgen.
Befolgung von Anweisungen	_____ _____ _____ _____ _____ _____	Zeugnispflicht	_____ _____ _____ _____ _____ _____
Wettbewerbs-verbot	_____ _____ _____ _____ _____ _____ _____ _____	Gewährung des Erholungsurlaubs	_____ _____ _____ _____ _____ _____ _____
Verbot der Annahme von Schmiergeld	_____ _____ _____	_____ _____	Im Krankheitsfall wird das Gehalt sechs Wochen vom Arbeitgeber fortgezahlt. Danach tritt die Krankenkasse ein.
Keine Rufschädigung	_____ _____ _____	Kündigungsfrist	_____ _____ _____ _____

Die Vertragsfreiheit beim Abschluss eines Arbeitsvertrages ist _____ durch gesetzliche Bestimmungen, _____ und _____ .

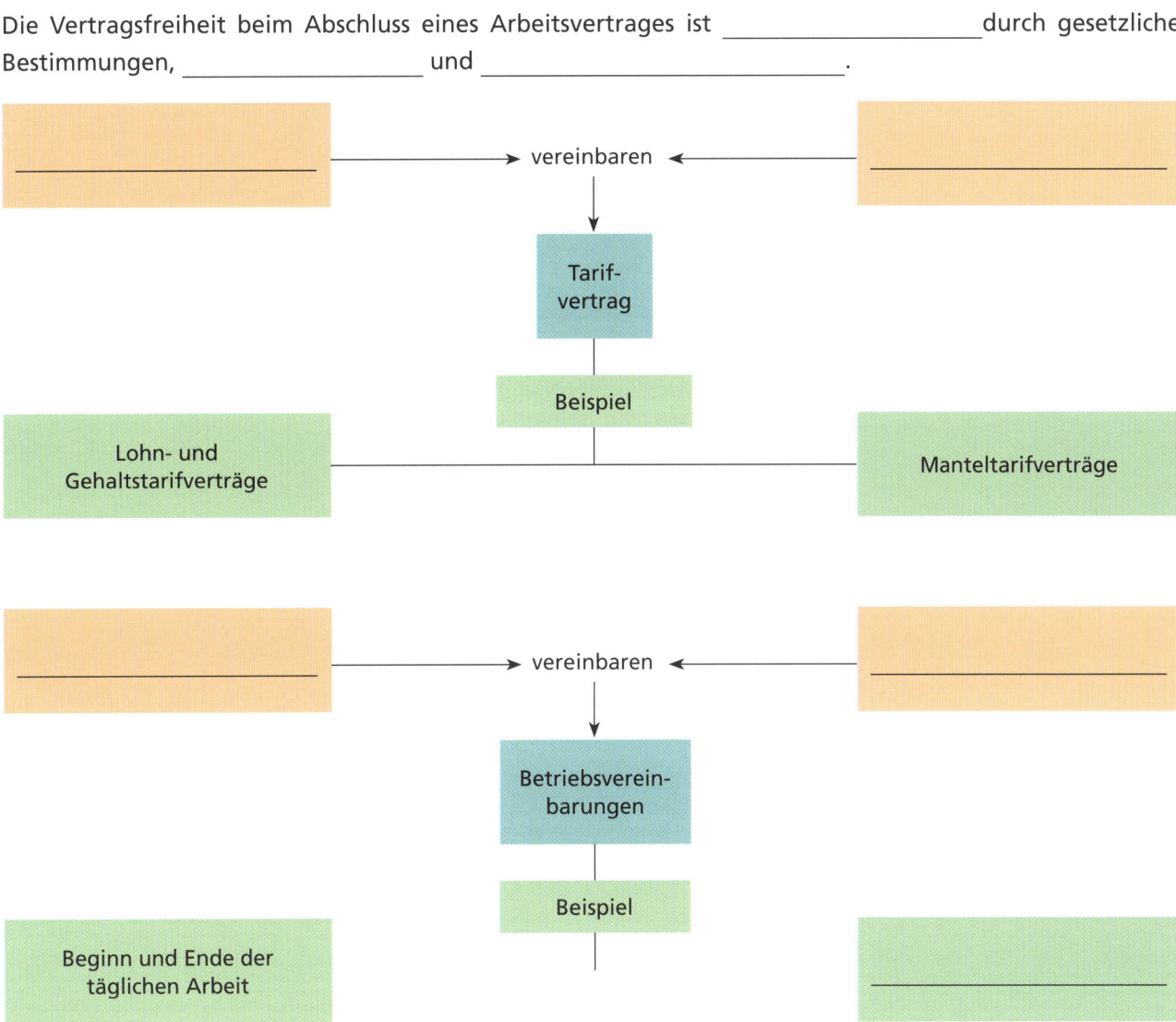

Übung 2.5: Betriebliche Mitbestimmung

In der Primus GmbH stehen die Wahlen zum Betriebsrat und zur Jugend- und Auszubildendenvertretung an. Die Auszubildenden Andreas Dick und Nicole Höver werden damit beauftragt, die Organisation dieser Wahlen mit zu unterstützen.

„Tja“, denkt Andreas, *„gar nicht so einfach. Zunächst einmal muss geschaut werden, wer überhaupt wählen darf und wer als Betriebsratsmitglied oder als Jugend- und Auszubildendenvertreter/-in gewählt werden darf. Nicole, was meinst du, dürfen wir auch an der Betriebsratswahl teilnehmen?“*

1 Andreas und Nicole erstellen zunächst eine Übersicht zum Thema Betriebsrat und Jugend- und Auszubildendenvertretung. Vervollständigen Sie diese Übersicht mithilfe Ihres Buches.

Die Betriebsrat

In Unternehmen mit mindestens _____ können ein

Betriebsrat und eine Jugend- und Auszubildendenvertretung gewählt werden.

Die Betriebsratswahlen finden alle _____ statt.

Wer ist wahlberechtigt (= aktives Wahlrecht)?	
Wer darf gewählt werden (= passives Wahlrecht)?	
Wie setzt sich der Betriebsrat zusammen?	

Die Jugend- und Auszubildendenvertretung (JAV)

Die Wahl der Jugend- und Auszubildendenvertretung findet alle _____ statt.

Wer ist wahlberechtigt (= aktives Wahlrecht)?	
Wer darf gewählt werden (= passives Wahlrecht)?	
Wie setzt sich die Jugend- und Auszubildendenvertretung zusammen?	

2   Andreas und Nicole haben einen Auszug aus der aktuelle Personalliste der Primus GmbH erhalten. Kreuzen Sie entsprechend an, ob die/der jeweilige Mitarbeiter/-in wählbar oder wahlberechtigt ist.

		Betriebsrat		JAV	
		Wahlbe-rechtigt	Wählbar	Wahlbe-rechtigt	Wählbar
Jörg Nolte	49 Jahre alt, seit 22 Jahren in der Primus GmbH beschäftigt, Angestellter				
Jens Müller	27 Jahre alt, seit 3 Monaten in der Primus GmbH beschäftigt, Angestellter				
Petra Jäger	19 Jahre alt, 2. Ausbildungsjahr, Ausbildung Kauffrau für Büromanagement				
Miroslav Krazek	24 Jahre alt, seit 8 Monaten in der Primus GmbH beschäftigt, Angestellter				
Sonja Primus	56 Jahre alt, Geschäftsführerin				
Heinz Becker	28 Jahre alt, 3. Ausbildungsjahr, Ausbildung Kaufmann für Büromanagement				

3 Bei einem Kunden der Primus GmbH, der Bürobedarfsgroßhandel Schneider & Co. OHG aus Hannover, stehen Betriebsratswahlen an. Die Belegschaft besteht aus 155 Arbeitnehmern, die sich wie folgt zusammensetzen:

13 Arbeitnehmer   unter 18 Jahren
33 Arbeitnehmer   zwischen 18 und 25 Jahren
109 Arbeitnehmer   zwischen 25 Jahren und älter

Davon sind weniger als sechs Monate in der Bürobedarfsgroßhandlung beschäftigt:

6 Arbeitnehmer   unter 18 Jahre
8 Arbeitnehmer   zwischen 18 und 25 Jahren
8 Arbeitnehmer   zwischen 25 Jahren und älter

Ermitteln Sie, wie viele Arbeitnehmer wählen dürfen.

Bestimmen Sie, wie viele Arbeitnehmer gewählt werden können.

4 Entscheiden Sie, welches Recht der Betriebsrat bei den jeweiligen Maßnahmen der Primus GmbH hat, und vervollständigen Sie die Tabelle.

Maßnahme der Primus GmbH	Rechte des Betriebsrats	Einfluss des Betriebsrats
Neue Arbeitszeiten sollen eingeführt werden	Änderung der Arbeitszeit ist nur im Einverständnis mit dem Betriebsrat möglich	Soziale Mitbestimmung
Urlaubssperre		
Neubau Verwaltungsgebäude		
Kündigungen, ohne Auswahlkriterien zu beachten		

Übung 2.6: Gesetzliche Bestimmungen zum Arbeitsschutz

Neben den Tarifverträgen und den Betriebsvereinbarungen schränken auch die gesetzlichen Bestimmungen zum Arbeitsschutz den individuellen Arbeitsvertrag ein.

Vervollständigen Sie in Gruppenarbeit die unten aufgeführte Mindmap zum Thema Arbeitsschutzgesetze. Präsentieren Sie die Mindmap im Anschluss im Plenum. Zur Vervollständigung der Mindmap kann das Internet als Informationsquelle neben Ihrem Lehrbuch hinzugezogen werden.

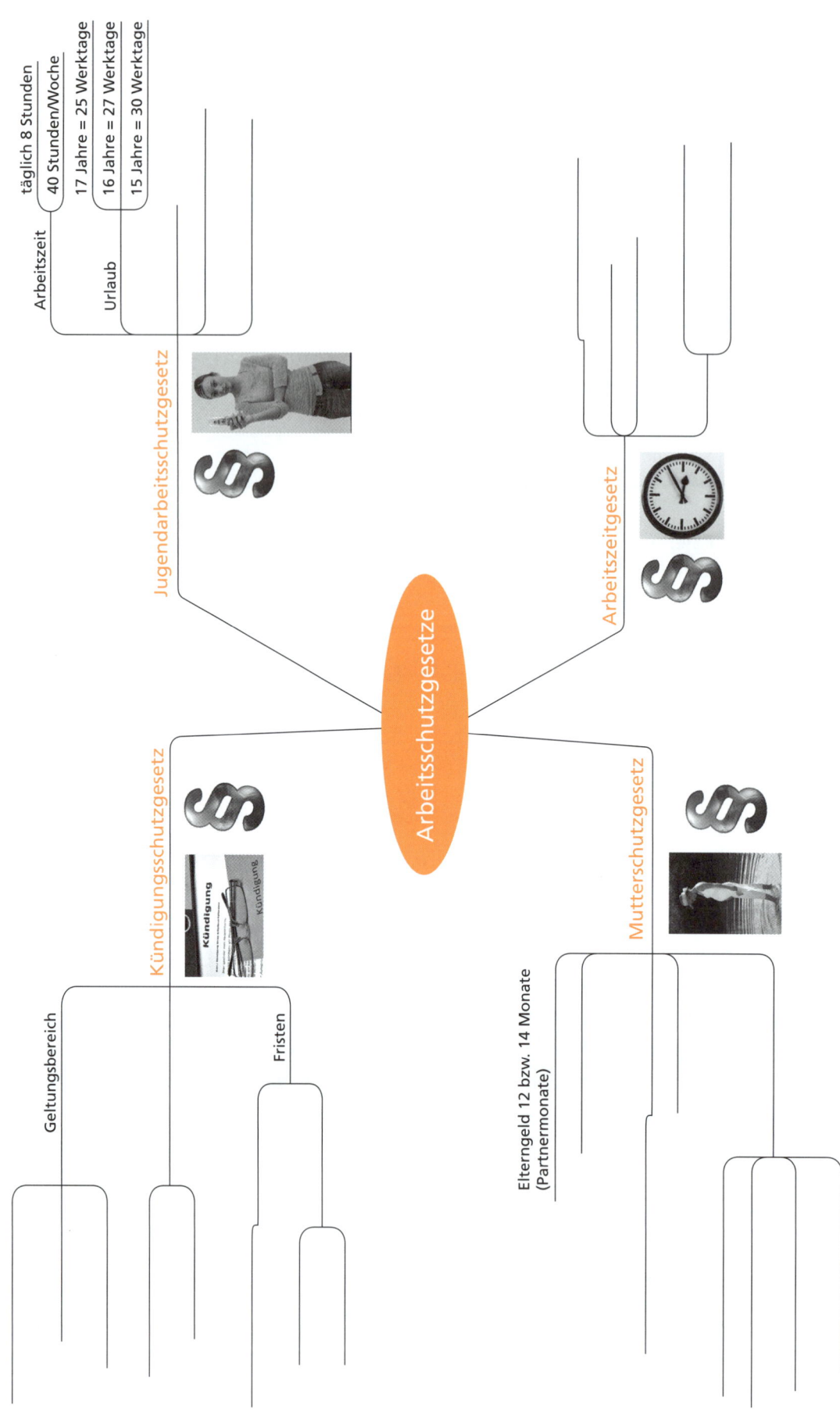

Arbeitsschutzgesetze

Jugendarbeitsschutzgesetz

Arbeitszeit
- täglich 8 Stunden
- 40 Stunden/Woche

Urlaub
- 17 Jahre = 25 Werktage
- 16 Jahre = 27 Werktage
- 15 Jahre = 30 Werktage

Arbeitszeitgesetz

Kündigungsschutzgesetz

Geltungsbereich

Fristen

Mutterschutzgesetz

Elterngeld 12 bzw. 14 Monate (Partnermonate)

Übung 2.7: Beendigung des Arbeitsverhältnisses

1 Nicole Hövers Freund Thomas, 23 Jahre alt, hat im Juni die Ausbildung zum Einzelhandelskaufmann erfolgreich abgeschlossen und arbeitet seit dem 01.07. in seinem Ausbildungsbetrieb (einem Sportgeschäft) als Verkäufer in Festanstellung. Letzte Woche (am 30.11.) wurde ihm leider überraschend gekündigt. In Thomas' Kündigung steht, dass er zum 31. Dezember fristgerecht gekündigt wird, weil das Sportgeschäft momentan aus wirtschaftlichen Gründen Einsparungen vornehmen muss. Thomas ist völlig verzweifelt. Das auch noch vor Weihnachten. Er bittet Sie wegen der Kündigung um Rat, weil er von diesem Thema überhaupt keine Ahnung hat. Er fragt sich, ob die Kündigung überhaupt rechtens ist und ob er überhaupt so einfach gekündigt werden kann.

Können Sie Thomas bei seinen Fragen zum Thema Kündigung helfen?

a) Um welche Kündigungsart und um welchen Kündigungsgrund handelt es sich in Thomas' Fall? Erläutern Sie Ihre Antwort.

_____

_____

_____

_____

_____

_____

b) Welche Personengruppen unterliegen einem speziellen Kündigungsschutz? Gehört Thomas auch zu diesen Personengruppen?

_____

_____

_____

_____

c) Ist Thomas' Kündigung gerechtfertigt? Begründen Sie Ihre Antwort.

_____

_____

_____

d) Was kann ein Arbeitnehmer unternehmen, wenn er die Kündigung als sozial ungerechtfertigt findet? Füllen Sie den folgenden Lückentext aus.

Hält ein Arbeitnehmer seine Kündigung für sozial ungerechtfertigt, muss er binnen _____ _____ beim Betriebsrat Einspruch und binnen _____ beim Arbeitsgericht Klage erheben. Ist fristgerecht Widerspruch eingelegt worden und Kündigungsschutzklage erhoben, muss der Arbeitnehmer i. d. R. _____ werden, bis über die Klage entschieden ist.

e) Es wurden noch weitere Arbeitskollegen von Thomas gekündigt. Welche Kündigungsfristen stehen den jeweiligen unten aufgeführten Arbeitskollegen zu?

Elke, 34 Jahre alt, seit 5 Jahren im Betrieb (Arbeitgeber kündigt)	_____
Klaus, 42 Jahre alt, seit 20 Jahren im Betrieb (Arbeitgeber kündigt)	_____
Sabine, 31 Jahre alt, seit 10 Jahren im Betrieb (Mitarbeiterin kündigt)	_____

2 Vervollständigen Sie die unten aufgeführte Übersicht zum Thema Möglichkeiten der Beendigung des Arbeitsverhältnisses.

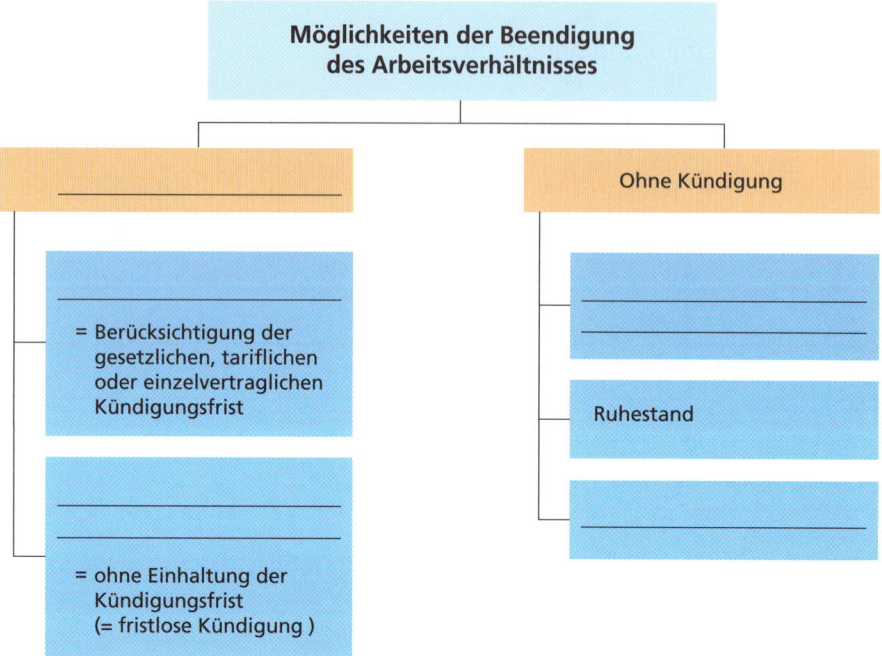

3 Nennen Sie für jede Rubrik drei Kündigungsgründe.

Kündigungsgründe		
Betriebsbedingte Kündigung	Verhaltensbedingte Kündigung	Personenbedingte Kündigung

4 Halten Sie fünf Maßnahmen fest, welche eine langfristige Arbeitslosigkeit für Sie verhindern können.

_____

_____

_____

_____

_____

_____

Lernsituation 3: Sie erstellen eine Gehaltsabrechnung

Nächste Woche steht in der Primus GmbH die Gehaltsabrechnung für den Monat Januar an. Ausgerechnet jetzt stürzt der Computer mit dem Lohn- und Gehaltsprogramm ab. Es muss lediglich noch die Gehaltsabrechnung der neuen Mitarbeiterin Frau Bayer, die zu Beginn des Jahres die Stelle als Finanzbuchhalterin angetreten hat, durchgeführt werden. Die Gruppenleiterin Personal, Frau Ost, bittet die Auszubildende Nicole Höver, die Gehaltsabrechnung per Hand zu berechnen und zu erstellen.
(Hinweis: Siehe auch Eingangsszenario 1 und 2 sowie die Übungen 1.2, 1.3, 1.4 und 2.1.)

Beschreibung und Analyse der Situation

Überlegen Sie, welche Informationen und Daten Nicole Höver haben muss, damit sie die Gehaltsabrechnung für Frau Bayer erstellen kann. Erstellen Sie mithilfe des Lehrbuches eine Checkliste, was einem Arbeitnehmer überhaupt alles neben der Lohnsteuer vom Bruttogehalt abgezogen werden darf, bis sich letztendlich der Nettoauszahlungsbetrag ergibt.

Notieren Sie die Daten in der unten aufgeführten Tabelle.

Bruttogehalt
= **Nettoauszahlungsbetrag**

Planen und durchführen

Frau Ost stellt Ihnen die folgenden Daten zur Verfügung. Führen Sie mit den Ihnen zur Verfügung gestellten Informationen und mithilfe der Lohnabzugstabelle sowie der Tabelle der Beiträge zur Sozialversicherung in Ihrem Lehrbuch die Gehaltsabrechnung für Frau Bayer durch. Wenn Ihnen ein paar Daten von Frau Bayer nicht mehr bekannt sind, dann schauen Sie sich doch noch einmal die Bewerbungsunterlagen von Frau Bayer an.

Bruttogehalt	3.150,00 €
Vermögenswirksame Leistungen vom Arbeitgeber	20,00 €
Sparrate vermögenswirksame Leistungen	40,00 €
Sonderzahlungen/Provisionen	keine
Steuerklasse	
Alter	
Kinder	

Lohn-/Gehaltsabrechnung

Personalnummer: 012355				Primus GmbH Koloniestraße 2 47057 Duisburg
Frau Sandra Bayer	Monat: 01	Jahr: 20xx	Abteilung:	Gruppe
Lohnsteuer-klasse:	Kinderfrei-betrag:	Steuerfrei-betrag:	Konfession:	

Bruttogehalt		_____ €
+ Vermögenswirksame Leistungen des Arbeitgebers		_____ €
+ Sonderzahlungen, Provisionen usw.		_____ €
= sozialversicherungspflichtiges Gehalt		_____ €
- Steuerfreibetrag		_____ €
= steuerpflichtiges Gehalt		_____ €
- Lohnsteuer		_____ €
- Solidaritätszuschlag		_____ €
- Kirchensteuer	AG-Anteil	_____ €
- Krankenversicherung	_____ €	_____ €
- Rentenversicherung	_____ €	_____ €
- Arbeitslosenversicherung	_____ €	_____ €
- Pflegeversicherung	_____ €	_____ €
= Nettogehalt:		_____ €
- Vermögenswirksames Sparen des Arbeitnehmers		_____ €
- Sonstiges		_____ €
Auszahlungsbetrag		_____ €

Berechnen Sie die Beträge, die die Primus GmbH an das Finanzamt sowie an die Krankenkasse abzuführen hat. Denken Sie dabei an den Arbeitgeberanteil.

Berechnen Sie, wie hoch die Personalkosten für Frau Bayer für die Primus GmbH insgesamt sind.

Bewerten und reflektieren

Exemplarisch präsentiert ein Team der Klasse das Arbeitsergebnis als Kurzvortrag. Ergänzen Sie gegebenenfalls fehlende Punkte und diskutieren Sie möglicherweise unterschiedliche Ergebnisse.

Geben Sie zu dem Kurzvortrag ein kurzes Feedback. Der folgende Rückmeldebogen soll Sie dabei unterstützen.

Leitfragen	Bewertung in Schulnoten				
	1	2	3	4	5
Wurden die Ergebnisse sachlich richtig präsentiert?					
Wie sicher hat der/die Vortragende gewirkt?					
Wurde die Präsentation ansprechend gestaltet?					

Lernergebnisse sichern und vertiefen

Fragen Sie Ihre/-n Freundin/Freund, Mutter/Vater oder Geschwister nach ihrem/seinem Bruttogehalt und dem Nettogehalt und errechnen Sie die gesetzlichen Abzüge. Kontrollieren Sie Ihre Ergebnisse, indem Sie unter http://www.n-heydorn.de/gehaltsrechner.htm die Gehaltsabrechnungen durchführen.

(Hinweis für die Nutzung des Internetlinks: Achten Sie darauf, dass die Vermögenswirksamen Leistungen des Arbeitgebers zum Bruttogehalt zählen.)

Was muss wann an wen gezahlt werden? Vervollständigen Sie dazu die unten aufgeführte Tabelle.

Wann?	Was?	An wen?
Spätestens am drittletzten Bankarbeitstag des Entgeltsmonats		Krankenkasse
Ende des Monats		
Am 10. des Folgemonats		Finanzamt

Beschreiben Sie folgende Grafik.

Dreimal Lohn

Monatliche Durchschnittsbeträge
je Arbeitnehmer in Euro

Diesen Betrag wendet
der Betrieb auf
(Arbeitnehmerentgelt) ——— 3 164 €

Dieser Betrag steht auf
der Verdienstabrechnung
(Bruttoverdienst) ——— 2 594 €

Dieser Betrag
wird überwiesen
(Nettoverdienst) ——— 1 727 €

Stand 2013
Quelle: Stat. Bundesamt   © Globus 6380

Übung 3.1: Sozialversicherung

1 Ordnen Sie die unten aufgeführten Fragen dem richtigen Sozialversicherungszweig zu, indem Sie die jeweils zutreffende Ziffer in die Lösung eintragen.

Krankenversicherung	1	Rentenversicherung	4
Pflegeversicherung	2	Unfallversicherung	5
Arbeitslosenversicherung	3		

Fragen	Lösung
Welche Versicherung zahlt Rehabilitationsmaßnahmen?	_____
Bei welcher Versicherung ist der Träger die Berufsgenossenschaft?	_____
Von welcher Versicherung werden Umschulungen gefördert?	_____
Bei welcher Versicherung zahlt der Arbeitgeber den Beitrag allein?	_____
Bei welcher Versicherung sind die Leistungen nach Stufen gestaffelt?	_____
Welche Versicherung hat den höchsten Beitrag?	_____
Bei welcher Versicherung zahlt der Arbeitnehmer zusätzlich zur Hälfte des Beitrags noch einen Sonderbeitrag?	_____
Bei welcher Versicherung zahlen kinderlose Arbeitnehmer nach dem 23. Lebensjahr einen höheren Beitrag?	_____
Welche Versicherung hat den geringsten Beitrag?	_____
Bei welcher Versicherung ist die Beitragshöhe abhängig von der Gefahrenklasse?	_____

2 Ergänzen Sie die folgende Übersicht, welche alle Sozialversicherungszweige mit den jeweiligen Aufgaben, Trägern und Leistungen enthält.

Versiche-rungszweig	Renten-versicherung	Kranken-versicherung	Arbeitslosen-versicherung	Pflege-versicherung	Unfall-versicherung
Aufgabe	_____ _____ _____ _____ _____ _____ _____ _____ _____ _____ _____ _____ _____	_____ _____ _____ _____ _____ _____ _____ _____ _____ _____ _____ _____ _____	● Erreichung eines hohen Beschäfti-gungsstands ● Auswirkung der Arbeitslosigkeit für den einzelnen Arbeitnehmer gering halten	_____ _____ _____ _____ _____ _____ _____ _____ _____	_____ _____ _____ _____ _____ _____ _____
Träger	_____ _____	_____ _____	_____ _____	Pflegekassen	Berufsgenossen-schaft

Versiche-rungszweig	Renten-versicherung	Kranken-versicherung	Arbeitslosen-versicherung	Pflege-versicherung	Unfall-versicherung
Leistungen	● Altersruhegeld ● Rente wegen Erwerbs-minderung ● Hinterbliebe-nenrente ● Leistungen zur Rehabilitation ● Witwen- und Waisenrente	_____ _____	_____ _____	_____ _____ _____ _____	● Heilbehand-lung ● Berufshilfe ● Verletzten-geld ● Übergangs-geld ● Verletzten-rente ● Sterbegeld ● Hinterbliebe-nenrente
Versiche-rungs-pflichtig sind ...	_____ _____ _____ _____ _____ _____ _____ _____ _____ _____ _____ _____	● Arbeiter und Angestellte, wenn ihr regelmäßiges Entgelt die Jahresarbeits-entgeltgrenze nicht über-steigt ● Auszubil-dende, ● ggf. Arbeits-lose ● Rentner und Wehr- und Ersatzdienst-leistende	_____ _____ _____ _____ _____ _____ _____ _____ _____ _____ _____ _____	_____ _____ _____ _____ _____ _____ _____ _____ _____ _____ _____ _____	_____ _____ _____ _____ _____ _____ _____ _____ _____ _____ _____ _____

Übung 3.2: Formen des betrieblichen Entgelts

1 Bearbeiten Sie die folgenden Arbeitsaufträge:
● Beschreiben Sie die unterschiedlichen Formen des betrieblichen Entgelts.
● Tragen Sie jeweils zwei Vor- und Nachteile der jeweiligen Entgeltform zusammen.

Zeitlohn	Leistungslohn
Beschreibung	Beschreibung
Vorteile	Vorteile
Nachteile	Nachteile

Prämienlohn	Beteiligungslohn
Beschreibung	Beschreibung
Vorteile	Vorteile
Nachteile	Nachteile

2 Nach Feierabend trifft sich die Auszubildende Nicole Höver mit ihrer Schwester, welche eine Festanstellung in einem Reisebüro hat, und zeigt stolz ihre erste Gehaltsabrechnung. *„Ich habe heute auch meine Gehaltsabrechnung erhalten, aber ich werde noch nicht ganz schlau draus. Ich meine, sie stimmt nicht"*, sagt Nicole Hövers Schwester. *„Und außerdem finde ich es nicht gerecht, dass Torsten, mein Kollege, das Gleiche verdient wie ich. Aber der ist so faul. Ich leiste viel mehr in der gleichen Zeit. Das ist absolut demotivierend."*

Erläutern Sie die Entgeltform, die Nicoles Schwester erhält, und machen Sie einen Vorschlag, welche Entgeltform gerechter wäre.

Übung 3.3: Lohnsteuerklassen

Nicole Höver erhält durch ihre gute Arbeitsleistung und ihr großes Interesse an dem Thema Lohn- und Gehaltsabrechnung von Frau Ost den ersten richtigen Arbeitsauftrag in diesem Bereich:

Guten Morgen, Frau Höver,

bitte erledigen Sie folgenden Arbeitsauftrag:
Finden Sie die Steuerklassen folgender Mitarbeiter und Mitarbeiterinnen heraus, sodass sie in das Lohnabrechnungsprogramm übertragen werden können:
- Arno Schmidt, ledig, 39 Jahre alt, ein Kind,
- Sabine Müller, ledig, 25 Jahre alt, verlobt,
- Peter Patt, verheiratet, 30 Jahre alt, 2 Kinder, Ehefrau ist Hausfrau,
- Armin Hack, verheiratet, 42 Jahre alt, 1 Kind, Ehefrau ist ebenfalls berufstätig.

Besten Dank.
Ina Ost

Ordnen Sie die jeweilige Steuerklasse zu.

Mitarbeiter	Steuerklasse
Arno Schmidt	
Sabine Müller	
Peter Patt	
Armin Hack	

Übung 3.4: Absetzungsmöglichkeiten: Werbungskosten – Sonderausgaben – Außergewöhnliche Belastungen

„Oha", denkt Nicole Höver, „wenn ich mir die Lohnabrechnungen so anschaue, erwarten mich nach der Ausbildung aber saftige Abzüge! Welche Kosten kann ich denn bei der Einkommensteuererklärung abziehen, sodass sich diese steuermindernd bemerkbar machen?"

1 Vervollständigen Sie die unten aufgeführte Tabelle der **steuerlich abzugsfähigen Ausgaben** bei der Einkommensteuererklärung.

	Werbungskosten	Sonderausgaben	Außergewöhnliche Belastungen
Erläuterung	_____ _____ _____ _____ _____ _____ _____ _____	... sind bestimmte, im Gesetz aufgezählte Aufwendungen, die aus sozial-, wirtschafts- und finanzpolitischen Gründen steuerlich begünstigt werden.	_____ _____ _____ _____ _____ _____ _____
Beispiel 1	Gewerkschaftsbeitrag	_____	Krankheitskosten
Beispiel 2	_____	Vorsorgeaufwendungen	_____

2 Ordnen Sie den aufgeführten Ausgaben die Begriffe **Werbungskosten**, **Sonderausgaben** oder **Außergewöhnliche Belastungen** zu.

Ausgaben	Werbungskosten? Sonderausgaben? Außergewöhnliche Belastungen?
Rechnung für Zeitschriftenabonnement „Büromanagement"	_____
Unterstützung bedürftiger Personen	_____
Quittung für Gewerkschaftsbeitrag	_____
Spende für die freiwillige Feuerwehr	_____
Kosten für die Berufsausbildung des Kindes	_____
Aufwendungen für Berufskleidung	_____

Übung 3.5: Personalführung

Die Wahl des Führungsstils hängt vom grundsätzlichen Verständnis der Unternehmensleitung gegenüber den Mitarbeitern ab. Das Führungsverhalten der Führenden zur Durchsetzung der Ziele der Unternehmung und der Motivation der Mitarbeiter kann in zwei Grundmuster eingeteilt werden: den autoritären und den kooperativen Führungsstil.

1 Vergleichen Sie die beiden Führungsstile, indem Sie die folgenden Fragen beantworten und Ihre Lösung in die Tabelle eintragen.

Merkmale	Autoritärer Führungsstil	Kooperativer Führungsstil
Wie werden die Entscheidungen getroffen?		
Welche Anforderungen werden an den Vorgesetzten gestellt?		
Welche fachlichen Anforderungen werden an die Mitarbeiter gestellt?		
Wie viel Zeit wird zur Entscheidungsfindung benötigt?		
Wie wirkt sich der Führungsstil auf den Arbeitseinsatz der Mitarbeiter aus?		
Welche Vorteile hat der Führungsstil?		
Welche Nachteile hat der Führungsstil?		

2 Bei einer anonymen Mitarbeiterbefragung hinsichtlich des Führungsstils der/des Vorgesetzten in der Primus GmbH tätigten die Mitarbeiter/-innen folgende Aussagen:

a) „Mein Vorgesetzter kommt jeden Tag in unser Büro gestürmt und verteilt die Aufgaben. Er sagt uns genau, was zu tun ist. Wenn jemand anderer Meinung ist, wird er laut."

b) „Unsere Vorgesetzte fragt uns eigentlich immer nach unserer Meinung. Bei ihr kann ich auch mal einen Gegenvorschlag bringen. Es ist auch schon passiert, dass wir uns für meinen Lösungsweg entschieden haben."

c) „Ihm ist es wichtig, dass wir ein gutes Team sind. Häufig darf sogar ich entscheiden, wann wir unsere neuen Produkte bewerben."

d) „Bei uns ist alles klar geregelt. Wehe, wenn ich mal etwas alleine entscheiden möchte. Dann ist der Teufel los. Meine Vorgesetzte mag es auch nicht, wenn man anderer Meinung ist."

Kreuzen Sie an, welcher Führungsstil in den einzelnen Äußerungen der Mitarbeiter/-innen der Primus GmbH zum Vorschein kommt.

Beispiel	Autoritärer Führungsstil	Kooperativer Führungsstil
a)		
b)		
c)		
d)		

3 Beurteilen Sie, welcher Führungsstil besser geeignet ist, die folgenden Ziele in der Primus GmbH zu erreichen. Kreuzen Sie an.

Ziel	Autoritärer Führungsstil	Kooperativer Führungsstil
Hohe Mitarbeitermotivation		
Klare Kompetenzverteilung		
Schnelle, eindeutige Entscheidungen		
Hohes Verantwortungsbewusstsein der Mitarbeiter/-innen		
Entlastung der Führungsebene		
Geringer Abstimmungsaufwand		
Einbeziehung des Fachwissens der Mitarbeiter/-innen		

4 Verbinden Sie die folgenden Beschreibungen mit der jeweiligen Führungstechnik.

Beschreibung	Führungstechnik
Kompetenzen und Verantwortlichkeiten werden auf die Mitarbeiter übertragen. Entscheidungen werden innerhalb eines gesteckten Rahmens durch die Mitarbeiter getroffen.	
	Management by Objectives
Grundsätzlich trifft der Mitarbeiter die Entscheidungen, die im Rahmen seines Aufgabengebiets anfallen, allein. In festgelegten Ausnahmefällen ist er jedoch auf Genehmigungen des Vorgesetzten angewiesen.	

Übung 3.6: Personalentwicklung

1 **Qualifikation ist gefragt!** Veränderungen in der Berufs- und Arbeitswelt führen zu veränderten Anforderungen an die Qualifikationen der Mitarbeiterinnen und Mitarbeiter. Den erforderlichen Veränderungen wird im Rahmen der Personalentwicklung Rechnung getragen. Beschreiben Sie kurz, was unter Personalentwicklung verstanden wird.

_____

_____

_____

2 Unternehmen investieren in erheblichem Umfang in die Qualifikation ihrer Mitarbeiterinnen und Mitarbeiter (s. Grafik). Nennen Sie fünf Gründe, warum Unternehmen in die Qualifikation ihres Personals investieren.

Unternehmen in Deutschland:
Kosten der Weiterbildung

**Jährliche Kosten der betrieblichen Weiterbildung:
1 132 Euro je Mitarbeiter*, davon für**

externe Veranstaltungen	369 €
interne Veranstaltungen	351
Informationsveranstaltungen	162
Lernen in der Arbeitssituation	95
selbstständiges Lernen mit Medien	88
Weiterbildungspersonal	59
Sonstiges	9

rundungsbed. Differenz *ohne Auszubildende
Stand 2013 Quelle: IW Köln

© Globus
10014

3 Erstellen Sie eine Liste möglicher Maßnahmen der Mitarbeiterqualifizierung.

Maßnahme	Beschreibung

Maßnahme	Beschreibung
_____	_____
_____	_____
_____	_____
_____	_____
_____	_____
_____	_____

Übung 3.7: Mitarbeitermotivation

1 Beschreiben Sie die folgende Grafik.

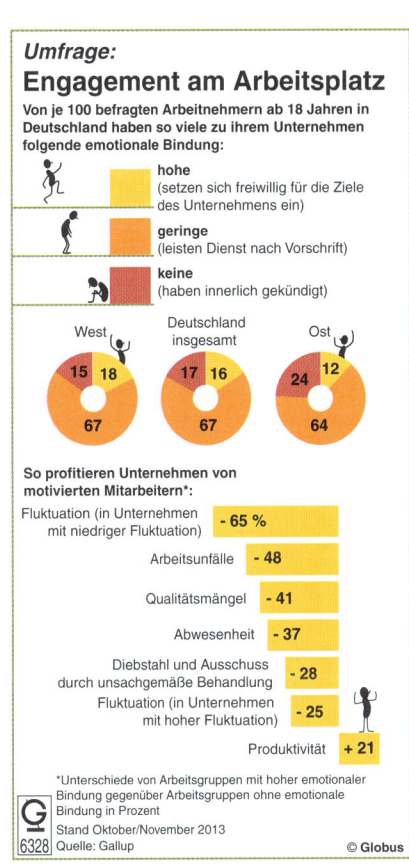

_____

_____

_____

_____

_____

_____

_____

_____

_____

_____

_____

_____

_____

_____

_____

_____

_____

_____

2 Unterbreiten Sie vier weitere Vorschläge für Maßnahmen zur Mitarbeitermotivation.

● Personalführung (kooperativer Führungsstil)

● Personalentwicklung (Weiterbildung und Qualifizierung der Mitarbeiter)

_____

_____

_____

_____

_____

_____

_____

_____

_____

3 Informieren Sie sich in Ihrem Lehrbuch über die Begriffe Jobrotation, Jobenlargement und Jobenrichment und füllen Sie folgende Übersicht aus.

Beispiel	Begriff	Beschreibung
_____ _____ _____ _____ _____ _____	Jobenlargement (Aufgabenerweiterung)	_____ _____ _____ _____ _____ _____
Petra Zolling, Sachbearbeiterin Einkauf, hat bisher nur Bestellungen geschrieben, zusätzlich soll ihr übertragen werden, Lieferanten auszuwählen und Reklamationen abzuwickeln.	_____ _____ _____ _____ _____ _____	_____ _____ _____ _____ _____ _____
Walter Jung, Mitarbeiter aus der Warenannahme, tauscht in konstanten Abständen mit einem Mitarbeiter aus dem Warenausgang seine Stelle.	_____ _____ _____	_____ _____ _____

Aufgaben zur Prüfungsvorbereitung

1. Bei der Primus GmbH haben sich die Produktions- und Verkaufszahlen im laufenden Geschäftsjahr sehr positiv entwickelt. Es besteht daher ein erhöhter Arbeitsaufwand in der Finanzbuchhaltung und der Kostenrechnung.

   Die Personalabteilung hat in einer Personalbedarfsplanung ermittelt, dass in der Abteilung Rechnungswesen zwei neue Fachkräfte benötigt werden.

   a) Nennen Sie drei Informationen, die die Personalbedarfsplanung für diese Neueinstellungen liefert.

   _____

   _____

   _____

   _____

   _____

   _____

   b) Da die interne Stellenausschreibung erfolglos blieb, soll das Personal extern beschafft werden. Nennen Sie fünf Möglichkeiten der externen Personalbeschaffung.

   _____

   _____

   _____

   _____

   _____

   _____

   _____

   _____

   _____

   c) Sie sollen bei der externen Personalbeschaffung zuerst drei Möglichkeiten mit dem geringsten Kostenaufwand ausschöpfen.
   Begründen Sie, warum Sie diesen drei Möglichkeiten unter dem Kostenaspekt den Vorzug geben.

   _____

   _____

   _____

   _____

   _____

   _____

2. Bei der Primus GmbH ist die Abteilungsleiterstelle Einkauf neu zu besetzen, da die bisherige Stelleninhaberin in Rente geht.

a) Nennen Sie vier Möglichkeiten, wie ein Nachfolger/eine Nachfolgerin für die Abteilungsleitung Einkauf „beschafft" werden könnte.

_____

_____

_____

_____

_____

Bei der Besetzung von Führungspositionen folgt die Unternehmensleitung dem Grundsatz, dass bei gleicher Qualifikation Bewerber aus dem eigenen Unternehmen vorgezogen werden.

b) Erläutern Sie vier Gründe, die für diese Sichtweise sprechen.

_____

_____

_____

_____

_____

_____

_____

_____

_____

Wegen zu erwartender Umsatzsteigerungen rechnet die Primus GmbH für das kommende Jahr mit einem zusätzlichen Bedarf von zwei kaufmännischen Mitarbeitern. In Abstimmung mit dem Betriebsrat wurde für die Besetzung der Stelle „Sachbearbeiter/-in Verkauf" eine Stellenanzeige aufgegeben. Daraufhin gehen einige Bewerbungen ein.

c) Erläutern Sie drei Kriterien, nach denen eine Vorauswahl der eingereichten Unterlagen vorgenommen werden sollte.

_____

_____

_____

_____

_____

d) Nennen Sie vier für die Beurteilung des jeweiligen Bewerbers wichtige Informationen, die seinem Lebenslauf entnommen werden können.

_____

_____

_____

_____

_____

_____

_____

_____

3. Die Personalabteilung der Primus GmbH möchte in Zukunft verstärkt Online-Bewerbungen annehmen.

Erläutern Sie je drei Vorteile der Online-Bewerbung gegenüber der herkömmlichen Bewerbung für

a) die Primus GmbH.

_____

_____

_____

_____

_____

_____

_____

_____

_____

b) den Bewerber.

_____

_____

_____

_____

_____

_____

_____

_____

4. Nach einem erfolgreichen Vorstellungsgespräch bei Frau Ost wird bei der Primus GmbH eine neue Sach-bearbeiterin für den Einkauf eingestellt.

a) Nennen Sie zwei Unterlagen, die die neue Mitarbeiterin der Unternehmung vorzulegen hat.

_____

_____

_____

_____

b) Nennen Sie drei Informationen, die die Unternehmung außerdem benötigt.

_____

_____

_____

_____

_____

c) Nennen Sie drei Tätigkeiten, die bei der Einstellung vorzunehmen sind.

_____

_____

_____

_____

_____

5. Nach dem Betriebsverfassungsgesetz (BetrVG) sind die Rechte des Betriebsrats in und bei betrieblichen Angelegenheiten und Vorgängen abgestuft geregelt. Ziel des BetrVG ist es, die Idee der Sozialpartner-schaft durch

1. Mitbestimmungsrecht,
2. Widerspruchs- und Zustimmungsverweigerungsrechte,
3. Informations-, Vorschlags-, Beratungs- und Anhörungsrechte

der Mitarbeiter/-innen im Betrieb zu verwirklichen.

a) Nennen Sie je zwei betriebliche Angelegenheiten/Vorgänge, für die die o. g. Rechte 1 bis 3 gelten.

_____

_____

_____

_____

_____

_____

_____

_____

_____

_____

_____

_____

_____

b) Wegen der Schließung einer Betriebsstätte verlangt der Betriebsrat einer Unternehmung die Aufstellung eines Sozialplans.

ba) Erläutern Sie, was unter einem Sozialplan verstanden wird.

_____

_____

_____

_____

bb) Nennen Sie drei Inhalte eines Sozialplans.

_____

_____

_____

_____

_____

_____

bc) Nennen Sie einen weiteren Anlass für die Aufstellung eines Sozialplans.

_____

_____

_____

6. Im internen Unterricht für Auszubildende der Primus GmbH wird auch über die Pflichten des Arbeitgebers und des Arbeitnehmers gesprochen.

a) Nennen Sie je drei Pflichten

aa) des Arbeitgebers:

_____

_____

ab) des Arbeitnehmers:

b) Nennen Sie sechs Inhalte, die in einem Arbeitsvertrag geregelt sein sollen.

7. Die Gehaltsliste der Primus GmbH weist im Oktober folgende Werte aus:

Grundgehälter	475.358,00	€
Tarifl. Zuschüsse zu vermögenswirksamen Leistungen (AG-Anteil)	2.934,00	€
Lohn-/Kirchensteuer und Solidaritätszuschlag	95.158,00	€
Sozialversicherungsbeiträge Arbeitnehmer		
- Rentenversicherung	47.590,00	€
- Arbeitslosenversicherung	7.174,00	€
- Krankenversicherung	39.219,00	€
- Pflegeversicherung	4.782,00	€
Arbeitgeberanteil zur Sozialversicherung	94.663,00	€
Gesamte vermögenswirksame Leistungen	4.870,00	€

a) Ermitteln Sie die gesamten Personalkosten der Primus GmbH für den Monat Oktober.

_____

b) Ermitteln Sie die Nettosumme, die an die Arbeitnehmer ausgezahlt wird.

_____

c) Ermitteln Sie das steuerpflichtige Entgelt.

_____

d) Begründen Sie, warum die Summe der Sozialversicherungsbeiträge der Arbeitnehmer nicht mit dem Arbeitgeberanteil zur Sozialversicherung übereinstimmt.

_____

_____

_____

8. Frau Ost, Personalleiterin bei der Primus GmbH, informiert ihren Auszubildenden Andreas Dick über die Entgeltfortzahlung im Krankheitsfall.

a) Ein Mitarbeiter der Primus GmbH war fünf Tage arbeitsunfähig krank.
   Nennen Sie zwei Pflichten, die er gegenüber der Primus GmbH erfüllen musste.

_____

_____

_____

_____

b) Geben Sie den gesetzlich maximalen Zeitraum an, in dem die Primus GmbH die Entgeltfortzahlung im Krankheitsfall leisten muss.

_____

c) Geben Sie die Stelle/Institution an, die **nach** Ablauf der gesetzlichen Entgeltfortzahlung die Zahlung im Krankheitsfall übernimmt.

_____

d) Nennen Sie die Bezeichnung für die in c) angesprochene Zahlung/Geldleistung.

_____

e) In der Primus GmbH wird durch Aufstockung sichergestellt, dass arbeitsunfähige Mitarbeiter/-innen 56 Tage lang ihr Nettoentgelt erhalten. Nennen Sie dafür eine mögliche Rechtsgrundlage.

_____

_____

f) Sie sollen dem Auszubildenden Andreas Dick helfen, die nachstehende Matrix über die gesetzliche Sozialversicherung zu vervollständigen. Füllen Sie die freigelassenen Felder entsprechend dem Muster in den anderen Feldern aus.

Sozialversicherung/Träger	Versicherungspflichtige	Beitragszahlung
Krankenversicherung: Träger: ● AOK ● Betriebs-Krankenkassen ● IKK ● Barmer GEK ● DAK ● u. a.	Arbeiter, Angestellte, Auszubildende, Rentner, Studenten, Arbeitslose, Hartz-IV-Empfänger	_____
Rentenversicherung: Träger: Deutsche Rentenversicherung	Arbeiter, Angestellte, Auszubildende, Arbeitslose, Hartz-IV-Empfänger Familienangehörige sind nicht mitversichert.	½ AG, ½ AN berechnet vom Bruttoentgelt bis zur Beitragsbemessungsgrenze
Arbeitslosenversicherung: Träger: Bundesagentur für Arbeit	_____	½ AG, ½ AN, berechnet vom Bruttoentgelt bis zur Beitragsbemessungsgrenze

9. Die Primus GmbH plant, für jede Stelle eine Stellenbeschreibung zu verfassen. Als Mitarbeiter/-in der Organisationsabteilung übernehmen Sie diese Aufgabe.

a) Ergänzen Sie folgenden Entwurf mit vier Inhalten einer Stellenbeschreibung.

Stellenbeschreibung

● Bezeichnung der Stelle: z. B. Verkaufssachbearbeiter/-in Handelswaren

● Einordnung der Stelle: z. B. Gruppenleiter/-in Auftragsbearbeitung

_____

_____

_____

_____

_____

b) Geben Sie drei Vorteile an, die sich nach der Einführung der Stellenbeschreibungen für die Vorgesetzten der Primus GmbH ergeben können. Schreiben Sie die Antworten in ganzen Sätzen.

_____

_____

_____

_____

_____

_____

_____

_____

_____

c) Nennen Sie zwei Gründe, warum Unternehmen – trotz der Vorteile – manchmal auf Stellenbeschreibungen verzichten.

_____

_____

_____

_____

_____

10. Erika Braun, geb. am 07.05.1980, ist seit fünf Jahren (Eintrittsdatum 01.05.20..) bei der Primus GmbH als Sekretärin beschäftigt.

Die im Arbeitsvertrag mit Frau Braun zugrunde gelegten Bestimmungen des Tarifvertrags zur Kündigung sind im Folgenden auszugsweise wiedergegeben:

Art. 5: Kündigungsfristen bei Arbeitsverhältnissen

(1) Nach Ablauf der Probezeit kann das Arbeitsverhältnis von beiden Seiten mit einer Frist von vier Wochen zum 15. oder zum Ende eines Kalendermonats gekündigt werden.

(2) Für eine Kündigung durch den Arbeitgeber beträgt die Kündigungsfrist, wenn das Arbeitsverhältnis in dem Betrieb oder Unternehmen
   1. ... zwei Jahre bestanden hat, einen Monat zum Ende eines Kalendermonats,
   2. ... fünf Jahre bestanden hat, zwei Monate zum Ende eines Kalendermonats,
   3. ... acht Jahre bestanden hat, drei Monate zum Ende eines Kalendermonats,
   4. ... zehn Jahre bestanden hat, vier Monate zum Ende eines Kalendermonats,
   5. ... zwölf Jahre bestanden hat, fünf Monate zum Ende eines Kalendermonats,
   6. ... fünfzehn Jahre bestanden hat, sechs Monate zum Ende eines Kalendermonats,
   7. ... zwanzig Jahre bestanden hat, sieben Monate zum Ende eines Kalendermonats.

(3) Die Beschäftigungszeit nach Abs. 2 wird ab dem Eintrittsdatum berechnet.

a) Geben Sie das Datum (TT.MM.) an, zu dem das Arbeitsverhältnis von Frau Braun endet, wenn ihr die Kündigung am 27.05.20.. zugeht.

_____

b) Am 08.03.20.. erhält Frau Braun zufällig ein attraktives Arbeitsangebot zur schnellstmöglichen Arbeitsaufnahme.

Geben Sie das Datum (TT.MM.) an, zu dem das Arbeitsverhältnis von Frau Braun endet, wenn sie bei der Primus GmbH sofort ordentlich kündigt.

_____

c) Zum Ende ihres Beschäftigungsverhältnisses bittet Frau Braun um Ausstellung eines qualifizierten Zeugnisses. Nennen Sie zwei Inhalte, zu denen Aussagen nur in einem qualifizierten Zeugnis gemacht werden.

_____

_____

_____

_____

d) Erläutern Sie die Kündigungsmöglichkeit, die Frau Braun bei ihrem neuen Arbeitgeber aufgrund gesetzlicher Regelung in den ersten sechs Monaten (= Probezeit) hätte.

_____

_____

11. Mustafa Üstin, Lohnempfänger bei der Primus GmbH, ist vom 01.06. bis 10.06. (8 Arbeitstage) arbeitsunfähig krank.

Ermitteln Sie auf der Grundlage des unten stehenden Auszugs aus dem Tarifvertrag und der nachfolgenden Angaben

a) die Anzahl der Arbeitsstunden, die der Lohnempfänger durchschnittlich von April bis Juni je Tag gearbeitet hat (eine Stelle nach dem Komma runden)

_____ Std.

b) den Lohn je Stunde innerhalb dieses Zeitraums (auf zwei Stellen nach dem Komma runden).

_____ €

c) den gesamten Lohnfortzahlungsbetrag für die Krankheitstage.

_____ €

Bruttolohn in den letzten drei abgerechneten Monaten ohne einmalige Zuwendungen einschließlich der Überstundenzuschläge:

Monat	Arbeitstage	Normalstunden	Überstunden	Bruttolohn €
April	22	176	6	4.255,00
Mai	19	152	20	4.150,00
Juni	21	168	12	4.220,00

Auszug aus dem Tarifvertrag:

In allen Fällen, in denen Anspruch auf Zahlung des regelmäßigen Arbeitsverdienstes besteht (z. B. Arbeitsunfähigkeit), wird für die Berechnung Folgendes zugrunde gelegt:

Hinsichtlich der Anzahl der Arbeitsstunden je Tag, die zu vergüten sind: Gesamtzahl der im betreffenden Zeitraum geleisteten Stunden, geteilt durch die Zahl der Arbeitstage der letzten drei Monate
Hinsichtlich des Lohns je Stunde: Durchschnittlicher Stundenverdienst in den letzten drei abgerechneten Monaten vor Beginn des Fortzahlungszeitraums. (Gesamtverdienst des Arbeitnehmers in dem betreffenden Zeitraum einschließlich aller Zuschläge, jedoch ohne einmalige Zuwendungen, geteilt durch die Anzahl der bezahlten Arbeitsstunden)

12. Die Auszubildende Nicole Höver wurde seit dem 01.09.20.. bei der Primus GmbH zur Kauffrau für Büromanagement ausgebildet. Der Ausbildungsvertrag wurde auf drei Jahre abgeschlossen.

Drei Jahre später schließt sie am 20. Juni ihre Abschlussprüfung erfolgreich ab. Sie hatte im Mai des gleichen Jahres um die Ausstellung eines qualifizierten Zeugnisses gebeten.

Am 23.06.20.. erhält sie das Zeugnis mit folgendem Wortlaut:

Frau Nicole Höver wurde vom 01.09.20.. bis 20.06.20.. drei Jahre bei uns ausgebildet. Sie legte ihre Abschlussprüfung am 20.06.20.. vor der Industrie- und Handelskammer mit gutem Erfolg ab.

Die Ausbildung wurde überwiegend in unserem Hauptbetrieb in Duisburg durchgeführt; drei einwöchige EDV-Schulungsmaßnahmen im überbetrieblichen Trainingszentrum *Dataratio* in Wesel ergänzten die praktische Ausbildung.

Frau Höver ist Mitglied in der Industriegewerkschaft Metall und war während ihrer Ausbildungszeit 1 1/2 Jahre mit großem Engagement als Jugendvertreterin tätig.

Wir übernehmen Frau Höver mit dem 23.06.20.. in ein unbefristetes Beschäftigungsverhältnis für die Abteilung Auftragsbearbeitung.

(Unterschrift)

Nicole Höver ist mit diesem Zeugnis nicht einverstanden.

a) Nennen Sie anhand des unten stehenden Auszugs aus dem Berufsbildungsgesetz (BBIG) vier Angaben, die in dem Zeugnis fehlen.

_____

_____

_____

_____

_____

_____

b) Machen Sie zu zwei der in §8 (2), Satz 2 BBIG genannten Kriterien **je einen** Formulierungsvorschlag.

_____

_____

_____

_____

_____

c) Nennen Sie zwei Angaben im Zeugnis, die bei zukünftigen Bewerbungen evtl. nachteilig ausgelegt werden können.

_____

_____

_____

Auszug aus dem Berufsbildungsgesetz (BBIG)

§8 Zeugnis

(1)   …

(2)   Das Zeugnis muss Angaben enthalten über Art, Dauer und Ziel der Berufsausbildung sowie über die erworbenen Fertigkeiten und Kenntnisse des Auszubildenden. Auf Verlangen des Auszubildenden sind auch Angaben über Führung, Leistung und besondere fachliche Fähigkeiten aufzunehmen.

Bildquellenverzeichnis

Behrla/Nöhrbaß GbR, Foto Stephan, Köln/BV1: S. 26.1, 47.1, 59.1, 64.1, 94.1, 101.1, 124.1, 135.1, 137.1, 143.1, 144.1, 150.1, 166.1, 178.5, 191.1, 198.1

dpa Infografik GmbH, Hamburg: S. 16.1, 159.1-2, 194.1

dpa Picture-alliance GmbH, Frankfurt am Main: S. 33.1, 116.1

Facebook, Inc., Menlo Park: S. 24.1

Fotolia Deutschland GmbH, Berlin: S. 11.1 (photo-dave), 13.1 (styleuneed), 14.1 (Art3D), 14.2 (MK-Photo), 16.2 (Miriam Dörr), 16.3 (Oliver Hirte), 18.1 (styleuneed), 18.2 (goran), 19.1 (Spectral-Design), 22.1 (Michael Nivelet), 27.1 (Franz Pfluegl), 28.1 (Helma Spona), 30.3 (Franz Pfluegl), 30.4 (Helma Spona), 30.6 (Franz Pfluegl), 30.8 (Helma Spona), 31.2 (Franz Pfluegl), 31.4 (Helma Spona), 47.1 (Tobias Kaltenbach), 50.1 (Jürgen Effner), 85.1 (Tiberius Gracchus), 85.2 (bluedesign), 120.1 (Trueffelpix), 120.2 (Arcady), 127.1 (Manuel Tennert), 127.2- 128.6 (wladi), 129.1 (pressmaster), 129.2 (Torbz), 129.3 (BlueSkyImages), 134.1 (Aleksey Stemmer), 139.1 (kai), 141.1 (Marco2811), 142.1 (apops), 145.1 (damato), 168.1 (Robert Kneschke), 168.2 (ag visuell), 170.1 (Robert Kneschke), 170.2 (Dmitry Koksharov), 172.1 (Robert Kneschke), 178.3 (Kzenon), 180.1 (DOC RABE Media), 182.1 (alexyndr), 188.1 (FM2)

Google Inc., Mountain View (US): 24.3

Institut der deutschen Wirtschaft, Köln: S. 23.1

iStockphoto LP, Calgary: S. 129.3 (peepo)

MEV Verlag GmbH, Augsburg: S. 178.1, 178.2, 178.4, 184.1, 184.2, 188.2 (Paragrafenzeichen), 188.4 (Jugendlicher), 188.5 (Schwangere), 188.8 (Uhr)

Twitter, Inc., San Francisco: 24.2

VS Vereinigte Spezialmöbelfabrik GmbH & Co. KG, Tauberbischofsheim: S. 26.2, 27.2, 30.1-2, 30.5, 30.7, 31.1, 31.3, 40.1

Umschlagfoto: MEV Verlag GmbH/Augsburg